CARTÃO DE EMBARQUE
DICAS DE VIAGENS INTERNACIONAIS

Editora Appris Ltda.
1.ª Edição - Copyright© 2022 do autor
Direitos de Edição Reservados à Editora Appris Ltda.

Nenhuma parte desta obra poderá ser utilizada indevidamente, sem estar de acordo com a Lei nº 9.610/98. Se incorreções forem encontradas, serão de exclusiva responsabilidade de seus organizadores. Foi realizado o Depósito Legal na Fundação Biblioteca Nacional, de acordo com as Leis nos 10.994, de 14/12/2004, e 12.192, de 14/01/2010.

Catalogação na Fonte
Elaborado por: Josefina A. S. Guedes
Bibliotecária CRB 9/870

J619c
2022
	Santana, Júnior
	    Cartão de embarque : dicas de viagens internacionais / Júnior Santana
	1. ed. - Curitiba : Appris, 2022.
	    221 p. ; 23 cm.
	
	    Inclui bibliografia.
	    ISBN 978-65-250-2617-6
	
	    1. Viagens – Guias. 2. Turismo. 3. Turistas. 4. Viajantes. I. Título.
	
	    CDD – 910.202

Livro de acordo com a normalização técnica da ABNT

Appris editora

Editora e Livraria Appris Ltda.
Av. Manoel Ribas, 2265 – Mercês
Curitiba/PR – CEP: 80810-002
Tel. (41) 3156 - 4731
www.editoraappris.com.br

Printed in Brazil
Impresso no Brasil

Júnior Santana

CARTÃO DE EMBARQUE
DICAS DE VIAGENS INTERNACIONAIS

FICHA TÉCNICA

EDITORIAL	Augusto V. de A. Coelho
	Marli Caetano
	Sara C. de Andrade Coelho
COMITÊ EDITORIAL	Andréa Barbosa Gouveia (UFPR)
	Jacques de Lima Ferreira (UP)
	Marilda Aparecida Behrens (PUCPR)
	Ana El Achkar (UNIVERSO/RJ)
	Conrado Moreira Mendes (PUC-MG)
	Eliete Correia dos Santos (UEPB)
	Fabiano Santos (UERJ/IESP)
	Francinete Fernandes de Sousa (UEPB)
	Francisco Carlos Duarte (PUCPR)
	Francisco de Assis (Fiam-Faam, SP, Brasil)
	Juliana Reichert Assunção Tonelli (UEL)
	Maria Aparecida Barbosa (USP)
	Maria Helena Zamora (PUC-Rio)
	Maria Margarida de Andrade (Umack)
	Roque Ismael da Costa Güllich (UFFS)
	Toni Reis (UFPR)
	Valdomiro de Oliveira (UFPR)
	Valério Brusamolin (IFPR)
ASSESSORIA EDITORIAL	Renata Miccelli
REVISÃO	Marcela Vidal Machado
PRODUÇÃO EDITORIAL	Bruna Homen
DIAGRAMAÇÃO	Jhonny Alves
CAPA	Sheila Alves
COMUNICAÇÃO	Carlos Eduardo Pereira
	Karla Pipolo Olegário
LIVRARIAS E EVENTOS	Estevão Misael
GERÊNCIA DE FINANÇAS	Selma Maria Fernandes do Valle

Agradecimentos

Quando os agradecimentos pela confecção de uma obra literária são feitos, significa que uma história ou uma ideia chegou ao fim. Neste momento terminal, meus sentimentos me fazem acreditar que este instante não é o crepúsculo, mas sim um prelúdio de novas obras. Sempre existirá a próxima viagem, e sendo imortal o desejo de aventura, com certeza novos livros serão redigidos, é tudo uma mera questão de tempo. Cada linha foi meticulosamente preparada e só foi possível ser escrita graças ao apoio em especial de duas pessoas muito queridas, Maria Aparecida Pimenta e minha filha Izabela Lima Ferreira Santana, parceiras de viagem, que me incentivaram o tempo todo para a realização deste sonho. E, por último, agradeço a Deus, que permitiu que tudo isso acontecesse.

Apresentação

To love somebody

Robin Gibb, Barry Gibb e Maurice Gibb, o trio musical Bee Gees.
Fonte: https://elu.ohtuleht.ee/532675/ainsana-bee-geesist-veel-elus-vendade-surm-oli-kohutav-trauma. Acesso em: 30 dez. 2021.

Escrevi este livro com uma motivação que, poucas vezes, vi em mim. As dificuldades enfrentadas foram hercúleas, porém, nunca deixei de esperar um final feliz. Sempre acreditei que **há uma luz** maior nos guiando, **um certo tipo de luz** que parece estar brilhando em outras direções e **que nunca brilhou em mim**. Muitos me ajudaram e me encorajaram na realização deste projeto. **Quero que minha vida seja vivida com você**, que incentivou esse sonho. Não **há um modo** de mensurar a colaboração individual de cada pessoa. **Todos dizem** para seguir meu coração, **para fazer cada pequena coisa** como se não houvesse o amanhã. **Mas do que adianta** escrever um livro **se não tenho você** para ler as páginas? Sem medo de cometer injustiças, o real motivo desta obra existir é o meu amor pelos Bee Gees. A minha paixão pela banda levou-me à Nova Zelândia, em 2010, para assistir a dois shows de Robin Gibb. Naquele momento, nascia outra paixão: viajar. Muitas vezes, o refrão **"você não sabe o que** é amar alguém do jeito que eu amo você" parecia estar sendo cantado especialmente para mim. **Em minha mente,** entre viagens e momentos de descontração, **eu vejo seu rosto novamente,** parece que foi ontem que ele se apresentou na minha frente. Eu **sei como me sinto,** nunca me esquecerei daquele espetáculo. **Não se pode ser tão cego,** embora pense que **estou cego,** e, por vezes, **tão cego,** que me culpo **porque sou um homem** que vivo minhas paixões. Não sou o único sonhador, mas estou na lista dos que buscam realizar seus sonhos e **você não consegue ver o que sou,** você sabe quem eu sou? Simplesmente um homem determinado, **eu vivo e respiro por você** que proporcionou prazeres imensuráveis com melodias consagradas em mais de seis décadas de carreira. **Mas do que adianta se eu não tenho você?** Sou um homem feliz, as distâncias continentais não me afastaram da melhor banda de todos os tempos, nem mesmo os 12.325 km de distância. E se, hoje, eu viajo pelo mundo, foi porque um dia eu perdi o medo. Bee Gees foi uma banda inglesa formada pelos irmãos Barry, Robin e Maurice Gibb. Fazem sucesso desde 1966, estando entre os maiores vendedores de discos de todos os tempos. Passaram por diversos ritmos musicais, do rock psicodélico às baladas, pelo country rock, música disco, R&B, música romântica e terminando no pop rock moderno. Venderam aproximadamente 250 milhões de discos. Ganharam todos os prêmios possíveis da música pop internacional. O Hall da Fama do *Rock and Roll* diz em uma citação: "Somente Elvis Presley, The Beatles, Michael Jackson e Paul McCartney superam os Bee Gees em recordes e vendas". É uma das bandas que mais arrecadou na história da música, sendo considerada, por grande parte da crítica musical, a segunda maior banda da história pelo conjunto de sua obra (composições, produções e gravações), atrás apenas dos Beatles. As palavras deste texto, propositadamente grafadas em negrito, formam a letra traduzida da música *To love somebody*, minha favorita. Este livro é dedicado carinhosamente aos Bee Gees.

Sumário

INTRODUÇÃO
DEPOIS DO MEDO, VEM O MUNDO 15

CAPÍTULO 1
NÃO COLECIONE COISAS, COLECIONE MOMENTOS! 17
   1.1 Menos rotina, mais viagens 17
   1.2 Escolhendo o destino 18
   1.3 Qual a melhor época para viajar? 20
   1.4 Quanto vou gastar na minha viagem? 20
   1.5 A viagem não coube no orçamento, e agora? 21
   1.6 Refez o orçamento e ainda não deu? 22
   1.7 Economizar para viajar é uma questão de prioridade 22
   1.8 Dicas de como ganhar e guardar dinheiro para viajar 22
   1.9 Mais é menos 28

CAPÍTULO 2
QUAL SEU ESTILO DE VIAGEM? 31
   2.1 Período sabático 32
   2.2 Viagem de volta ao mundo 33
   2.3 Turismo religioso 35
   2.4 Turismo de consumo 37
   2.5 Turismo cultural 38
   2.6 Turismo ecológico e de aventura 39
   2.7 Viagens românticas 40
   2.8 Turismo náutico e de Sol e praia 42
   2.9 Turismo de intercâmbio 43
   2.10 Turismo de voluntariado 44
   2.11 Turismo de viagem surpresa 46
   2.12 Turismo rural 46
   2.13 Turismo "lado B" 47
   2.14 Turismo *backpackers* 48
   2.15 Turismo gastronômico 51
   2.16 Turismo cinematográfico: lugares eternizados pelo cinema 52
   2.17 Viagens solo 54

CAPÍTULO 3
DOCUMENTOS PARA EMBARQUE INTERNACIONAL 57
    3.1 Passaporte 58
    3.2 Carteira de Identidade 58
    3.3 Certificado Internacional de Vacinação e Profilaxia (CIVP) .. 59
    3.4 Permissão Internacional para Dirigir (PID) 59
    3.5 Vistos 61
    3.6 Sistema Eletrônico para a Autorização de Viagem (Etias) 62
    3.7 Autorização para viagem de menor de idade 63
    3.8 Cuidados que você deve ter com os documentos 63
    3.9 Direitos dos passageiros com deficiência 64

CAPÍTULO 4
A MALA DE VIAGEM 67
    4.1 O que levar na mala? 71
    4.2 Arrumando a mala 76
    4.3 O que é proibido levar na mala? 78
    4.4 Aluguel de mala de viagem 79
    4.5 *Tickets* de bagagem 79
    4.6 Mala danificada ou extraviada 80
    4.7 Sem lenço nem documento, a mala não chegou! 81

CAPÍTULO 5
ROTEIRO DE VIAGEM PASSO A PASSO 83
    5.1 Planejamento é tudo 83
    5.2 De quanto disponho para gastar na viagem? 84
    5.3 Definindo o destino 85
    5.4 Alta ou baixa temporada, inverno ou verão? 87
    5.5 Qual a quantidade ideal de dias? 90
    5.6 Atrações principais ou "lado B"? 91
    5.7 *Free walking tour* 92
    5.8 Agência de viagem e *personal travel* 93
    5.9 Roteiros prontos ou personalizados? 94
    5.10 Vale a pena saber 95

CAPÍTULO 6
ADQUIRINDO AS PASSAGENS AÉREAS ... 97
6.1 Passagem aérea: você sabe o que é? ... 97
6.2 Dá para comprar passagem aérea mais barata? ... 100
6.3 Milhas: benefícios ou sacrifícios? ... 102
6.4 Perdendo o medo de viajar ... 104

CAPÍTULO 7
ESCOLHENDO AS ACOMODAÇÕES ... 107
7.1 Hotel ... 107
7.2 Hostel ... 109
7.3 Airbnb ... 110
7.4 *Bed and breakfast* (B&B) ... 111
7.5 *Apart* hotel ... 111

CAPÍTULO 8
ÁGUA, ALIMENTAÇÃO E GORJETA ... 113
8.1 Água: economia e cuidados essenciais ... 113
8.2 Restaurantes ... 114
8.3 Gorjeta: para quem, quando e quanto dar? ... 115

CAPÍTULO 9
TIPOS DE DESLOCAMENTO EM VIAGENS ... 119
9.1 *City tour* e hop-on/hop-off ... 119
9.2 Metrô ... 121
9.3 Aluguel de veículos ... 121
9.4 Ônibus ... 123
9.5 *Trânsfer* ... 124
9.6 Táxi ou Uber ... 124
9.7 Trem ... 125
9.8 Trens e trajetos ferroviários famosos ... 129

CAPÍTULO 10
COMUNICAÇÃO NO EXTERIOR ... 133
10.1 *Chip* internacional ... 133
10.2 Aplicativos, internet e Wi-Fi ... 135
10.3 Linguagem internacional ... 135

CAPÍTULO 11
SEGURO-VIAGEM 137
   11.1 A Europa e o Tratado de Schengen 137
   11.2 Outros países que exigem o seguro-viagem 138
   11.3 Como acionar o seguro-viagem? 139
   11.4 Como solicitar o reembolso? 139
   11.5 Certificado de Direito à Assistência Médica (Cdam) 139
   11.6 Acordos previdenciários bilaterais (PB4 e IB2) 140

CAPÍTULO 12
AEROPORTOS 141
   12.1 Ainda sobre aeroportos, vale a pena saber 143

CAPÍTULO 13
TICKETS E TOURS 145
   13.1 Evite fila, compre ingressos antecipadamente 145

CAPÍTULO 14
IMPREVISTOS DE VIAGENS 149
   14.1 Problemas causados por voos longos 149
   14.2 Informações no exterior – *I-Centers* 150
   14.3 Fenômenos naturais, instabilidade política e terrorismo 152
   14.4 Idiomas diferentes: o que fazer? 152
   14.5 Previsão do tempo para viajar 157
   14.6 Plugues de tomada pelo mundo afora 158
   14.7 Tabelas de conversão: calçados e roupas 161
   14.8 Defeitos nas acomodações e propaganda enganosa 162
   14.9 Consulados e embaixadas: o que esperar? 163

CAPÍTULO 15
DINHEIRO, TAXAS E ALFÂNDEGA 165
   15.1 Recebendo dinheiro no exterior 165
   15.2 Dinheiro no exterior: quanto e como levar? 166
   15.3 Cartões de crédito 167
   15.4 Câmbio: compra ou venda? 168
   15.5 Alfândega 169

CAPÍTULO 16
CUIDADO COM OS GOLPES 171
16.1 Cautela é a ordem do dia 176
16.2 Sofri um golpe, o que faço? 176

CAPÍTULO 17
CRUZEIROS 177
17.1 O que são cruzeiros? 178
17.2 O que esperar encontrar em cruzeiros? 179
17.3 Escolhendo o cruzeiro 180
17.4 Escolhendo a cabine 181
17.5 Embarcando no cruzeiro 182
17.6 Ainda sobre cruzeiros 184
17.7 Curiosidades sobre cruzeiros 190

CAPÍTULO 18
DICAS, PÍLULAS E MACETES DE VIAGENS 193

CAPÍTULO 19
SITES E APLICATIVOS ÚTEIS EM VIAGENS 207

CAPÍTULO 20
GLOSSÁRIO DE VIAGEM 215

CAPÍTULO 21
ENDEREÇOS ÚTEIS 219

FONTES CONSULTADAS 221

Introdução

Depois do medo, vem o mundo

Acabaram-se as desculpas, agora você poderá sair de sua zona de conforto, vencer o medo e realizar viagens pelo mundo afora. Esta obra foi escrita pensando nas pessoas que sempre desejaram conhecer destinos além das fronteiras brasileiras, mas que sempre tiveram medo de viajar. A partir de agora, estarão a seu alcance informações e dicas preciosas de como preparar e realizar a tão sonhada viagem internacional. Este livro aborda temas aparentemente simples e outros mais complexos que podem ajudar a sanar muitas dúvidas que podem surgir antes, durante e depois do passeio. Muitas dicas aqui relatadas servem para qualquer viagem em qualquer local. A real motivação parte de um princípio simples: aqui no Brasil, se for preciso, a gente pergunta e se informa, liga para alguém, consulta na internet e vai se virando para resolver os problemas. Em um país estrangeiro a gente está por conta própria, nem sempre em condições de realizar uma ligação ou de ter internet disponível a todo instante. Caso você não seja poliglota, a língua também pode ser um grande obstáculo na hora de pedir ajuda ou solicitar uma simples informação. Foi pensando em situações vividas no exterior que resolvi compartilhar e escrever este guia de dicas de viagens internacionais, para que sirva de apoio e encoraje outros a viajarem mais.

Júnior Santana e Izabela Santana – Zoológico de Luján, Argentina – 2018

Capítulo 1

Não colecione coisas, colecione momentos!

Júnior Santana – Casapueblo, Punta Ballena, Uruguai – 2018

1.1 Menos rotina, mais viagens

Por muito tempo essa frase me despertou vários sentimentos, dúvidas e desejos. Seria possível colocá-la em prática? Ninguém mais do que eu deseja viajar o mundo, visitar todos os continentes e conhecer países e suas respectivas culturas. Essa é uma vontade despertada no ano de 2010, a qual interpreto como se fosse um sonho dividido em partes. Hoje conheço apenas 16 países, falta-me muito para realizá-la nas dimensões que acredito ser ideais e é por isso que estou sempre em planejamento financeiro e rascunhando roteiros de viagens futuras. Muito aprendizado foi adquirido nas viagens que fiz. Foram experiências únicas, sonhos se realizaram, países foram visitados, sinto-me muito feliz e agradecido a Deus por tudo. Porém, tenho a convicção de que ainda tenho muito para ver e aprender, esse é o sentimento que impera no meu coração. Tenho procurado insistentemente por fórmulas que me propiciem rendas extras, pois convivo com o hábito de querer as coisas para ontem, sendo a ansiedade uma inimiga que aprendi a combater. Sabendo que a chave para a solução dessa equação é a estabilidade financeira, descobri a duras penas que o melhor é não bater muito de frente quando não se pode vencer. Por algum tempo me perguntei o que era melhor: estar sempre vestido com roupas da moda, trocar de carro de três em três anos, frequentar as melhores festas ou curtir as fotos das minhas viagens? Essa dúvida sempre me atormentou e a resposta estava sendo confeccionada gradativamente, ano após ano, viagem após viagem, sem que eu percebesse, dentro de mim. Sim, essa é a mais pura verdade: minhas recordações fotográficas e meus vídeos de viagens passaram a me dar mais prazer do que manter um *status* perante a sociedade que vivo. E sim, eu faria tudo de novo, pois aprendi que os mais diversos tipos de prazeres possibilitados quando se realiza uma viagem internacional, associados aos prazeres de rever tais registros, são muito melhores que *status* social. Acho que finalmente compreendi o real significado da frase "não colecione coisas, colecione momentos".

1.2 Escolhendo o destino

Júnior Santana – Acrópole de Atenas, Grécia – 2013

Você deseja viajar para um local específico, conhecer um país exótico ou visitar uma charmosa cidade da Europa? Quer participar de uma festa tradicional famosa que só acontece em certa região do mundo? Está convicto disso? É um sonho reprimido desde os tempos de criança? Sem problemas, faça um esforço e comece o planejamento hoje mesmo! Se você está pensando em viajar, com certeza tem algum lugar em mente. Não importa se o motivo é reencontrar alguém, estudar, viajar a trabalho, a descanso ou fazer uma viagem de cunho cultural ou espiritual. O ideal é você fazer uma *travel bucket list*, ou seja, listar todos os destinos que você tem vontade de conhecer e, uma vez que saiba a época certa da viagem, olhar em sua lista de desejos qual dos destinos encaixa melhor no referido período. O destino que atender à maioria das expectativas deve ser o escolhido.

Sua viagem começa neste instante, seja imaginando como seria estar lá, seja iniciando os preparativos. Para tanto você deve lembrar que em qualquer parte do mundo existem as estações do ano e o clima muda consideravelmente em cada uma delas. Escolher as datas parece uma tarefa fácil, mas não é. Tome muito cuidado, pense bem, reflita bastante sobre isso, estude o destino escolhido. Observe todas as características e peculiaridades, as tradições, os hábitos, as leis, os costumes, a religião, e principalmente como é o clima em cada estação do ano, já que isso pode mudar radicalmente sua viagem.

Você pode escolher estar em um local lotado de turistas ou não. Estar tranquilo usando roupas leves de verão na Europa e pagando mais caro por conta da alta temporada, ou usando casacos pesados de frio e fazendo certa economia no inverno, pois o número de turistas diminui bastante e os preços caem na mesma proporção nessa época. Em cada parte do mundo, sua escolha das datas definirá o estilo de sua viagem e terá consequências imediatas em sua bagagem, em suas roupas e em seus acessórios de vestuário.

Outro fator a ser levado em conta e que com certeza será afetado, dependendo das condições climáticas e da sazonalidade, será seu roteiro de viagem. Seu dia a dia dependerá muito da época do ano que você escolher. No verão, algumas atrações estarão mais concorridas, os museus mais cheios e haverá um número considerado de filas, enquanto em outras épocas o número de turistas será muito menor e as filas, consequentemente, também. Ou seja, a época escolhida para empreender a viagem poderá afetar diretamente o tempo de que você vai precisar para conseguir visitar as atrações e seguir seu roteiro, portanto, pense nisso.

1.3 Qual a melhor época para viajar?

A melhor e talvez mais justa resposta para essa indagação seja "o mais rápido possível, agora", pois tempo perdido é algo insubstituível. Devido à grandiosidade do mundo, a quantidade de países espalhados pelos continentes é muito grande, chegando a quase 200. Com certeza alguns deles estarão com o clima certo, o preço justo, a distância perfeita, a moeda barata, entre outros atributos que justifiquem uma viagem.

A pergunta inicial também nos remete a reflexões diversas e automaticamente a várias outras, entre elas: Qual é o destino escolhido para a viagem? Em que períodos do ano você pode viajar? Quanto tempo você tem disponível para empreender a viagem? Quanto poderá gastar? Quem são os integrantes da viagem? Todos podem viajar na mesma época? Essas e outras dúvidas, perguntas e incertezas vão aparecer diante de você. Realmente seria melhor ir a este destino, ou deve-se escolher outro mais perto ou quem sabe é melhor trocar por um destino mais barato? Ou seriam destinos? Quais as razões da escolha deste local? O que é indispensável no roteiro? Enumere tudo em uma lista de prioridades deixando os menos desejados por último. Dessa forma, será possível começar a pensar em um roteiro para aproveitar e visitar o maior número possível de atrações diariamente.

Um pouco de logística, boa percepção e informações úteis serão de grande ajuda. Defina o roteiro com antecedência, discuta os locais a serem visitados com todos os viajantes, assim você evitará desencontros e gastos desnecessários. Uma excelente ferramenta é o *site* Onde e quando viajar (www.onde-e-quando.net), que mostra a melhor época para viajar em qualquer parte do mundo. Basta você fazer uma busca simples escrevendo o país de seu interesse e pronto, em instantes você terá um monte de informações preciosas, entre elas os meses favoráveis para sua viagem.

1.4 Quanto vou gastar na minha viagem?

Essa pergunta é reincidente e é uma das maiores dúvidas entre os viajantes. Pela tamanha complexidade, abrangência e responsabilidade que ela representa, exige uma resposta demasiadamente pessoal e muito bem pensada. O turista, seja ele marinheiro de primeira viagem ou não, precisa fazer uma imersão dentro de si mesmo, se autoconhecer e transcrever para o papel seus estilos de viagem, suas vontades reprimidas e seus sonhos de consumo. Faz-se necessário responder também a outras perguntas do tipo:

Prefere andar a pé, de Uber ou de táxi? Gosta de metrô? Dá preferência para o aluguel de carro ou outras opções de deslocamentos? Quais são seus gostos gastronômicos? Sente-se bem comendo sanduíches em pé ou sentado em uma calçada? Não abre mão de sentar-se à mesa na hora das refeições com serviço à *la carte*? Quais são seus gostos musicais? Gosta de música de barzinho ou de ir a concertos e teatros? Ou tanto faz, do jeito que vier está bom? O que de fato lhe agrada? Como se satisfazer fazendo a viagem? Qual tipo de hotel é aceitável? Quantas estrelas ele deve ter? Qual o tamanho da cama? O café da manhã deve ser continental ou *buffet*? A passagem do avião deve ser na classe econômica ou primeira classe? Tudo deve ser considerado e listado.

Esses são apenas exemplos de dúvidas que vão surgir na hora de montar seu roteiro, a lista pode ser muito maior e exige um estudo detalhado. Todas essas perguntas ajudarão a montar seu perfil e seu estilo de viagem. Uma vez que você já saiba o que realmente quer, confronte os custos, alinhe suas vontades com as dos demais viajantes e veja se cabe no orçamento de todos. Dessa forma você saberá se está pronto para seguir adiante com a viagem ou se precisa alinhar os planos e cortar gastos. Nessa hora você deve fazer um orçamento nos mínimos detalhes, sem deixar nada para trás, pois uma mera rotina ou hábitos simples, como mascar chiclete, podem acarretar custos diários pequenos que somados, ao longo de muitos dias, resultarão em uma despesa considerável.

Para saber os preços praticados nas cidades que vai visitar, você precisará de ajuda de *sites* de comparação de custo de vida. Recomendo o Numbeo (www.numbeo.com), um excelente mecanismo para ajudar no planejamento dos gastos. Será possível você fazer comparações de compras de supermercados, refeições e aluguéis diversos. Tudo o que for consumo diário, sejam remédios ou supérfluos, também deve ser contabilizado.

1.5 A viagem não coube no orçamento, e agora?

Não se desespere, isso é normal, você não é um *expert* em viagens e não tem como saber de tudo antecipadamente. Os valores orçamentários atuais podem impedir sua viagem momentaneamente, mas não será um problema eterno, acredite. O recuo de hoje tem de ser encarado com naturalidade e servir de motivação para uma viagem futura. Refaça os planos, mude as datas, dê preferência para viagens nas baixas temporadas ou para lugares onde a nossa moeda, o real, seja mais forte que a moeda do destino escolhido. Nos ajustes, reconsidere escolher as acomodações mais baratas, ou do mesmo nível que você escolheria, porém um pouco mais afastadas das atrações turísticas. O mesmo deve ser feito com os restaurantes. Estude a possibilidade de almoçar em locais usados pelos nativos do país escolhido, com certeza você conseguirá economizar. Usar os transportes públicos barateia os custos com locomoção. Não existe uma regra geral para conseguir descontos, mas uma boa pesquisa pode lhe apresentar alternativas com preços mais baratos.

1.6 Refez o orçamento e ainda não deu?

Pelo visto você sabe o que quer. Isso em viagem pode parecer ruim, mas não é. Saber exatamente o destino que deseja visitar é muito bom, pois delimita e ajuda na preparação dos roteiros. Neste caso, você precisa, antes de mais nada, repensar seus gastos pessoais e diminuir as despesas para que sobrem mais oportunidades de fazer economia, visando realizar o sonho. A regra é simples: diminuir os gastos com supérfluos e juntar uma graninha todo mês para o sucesso da empreitada. Se mesmo assim sentir dificuldades, procure ajuda sobre economia doméstica consultando um especialista. Vale tudo para realizar seu sonho, só não vale desistir.

1.7 Economizar para viajar é uma questão de prioridade

O quão importante é realizar esta viagem? Essa é a primeira pergunta a que você deve responder antes de começar a tecer planos. Se a resposta foi algo do tipo "Pouco importante", "Tanto faz" ou "Pode esperar", o meu conselho é que você abandone o projeto. Mas se foi "Sim, viajar é muito importante para mim, é um sonho que desejo realizar, quero conhecer o mundo, eu topo o desafio", ou outra resposta semelhante, você tem paixão por viagens, sugiro que comece imediatamente a fazer planos. Sejam quais forem os destinos que você deseje conhecer, a tarefa necessitará de um bom planejamento, ainda mais por se tratar de economizar dinheiro para sua execução. Embora o tema seja relativamente extenso, tudo converge para uma única resposta: definir suas prioridades.

1.8 Dicas de como ganhar e guardar dinheiro para viajar

A felicidade não está no fim da jornada e sim em cada curva do caminho que percorremos para encontrá-la. Essa frase retrata bem uma viagem e suas fases. A meu ver, é a mais adequada para quem pretende ganhar e guardar dinheiro com o intuito de viajar. Outras frases também se relacionam com nossa epopeia. Cansei de ouvir que dinheiro não dá em árvore. Sim, é verdade, e juntar uma soma considerável com certeza levará um bom tempo. Não fique triste, viajar requer muito esforço e dedicação. Para tudo na vida é necessário começar, dar início ao que foi proposto. O dinheiro exigido para fazer uma viagem não se consegue da noite para o dia. Vai ser preciso muito trabalho, organização, foco e alguns ajustes em seus hábitos cotidianos. Selecionei algumas dicas, a maioria pequenos passos de fácil implantação, mas com resultados grandiosos:

Planeje sua viagem com certa antecedência – Comece organizando sua vida financeira, caso contrário seu projeto correrá riscos desnecessários e você poderá fracassar. Monte uma planilha e coloque nela todas as suas receitas e despesas. Sua capacidade de organização será decisiva para a manutenção do projeto. Caso não saiba como fazer ou encontre dificuldades, peça ajuda.

Tenha um cofrinho – É muito importante ter um local seguro para colocar seu dinheiro economizado. Não precisa ser um cofre de verdade, pode ser um vidro grande, uma caixa de sapatos improvisada ou até mesmo uma conta bancária, o que importa é você ter um local para guardar seu dinheiro. Uma vez que a importância de guardar o dinheiro já tenha sido compreendida e esteja em andamento, faz-se necessário outro tipo de economia.

Fonte: https://www.sweetesthome.com.br/cofrinho-melhores-modelos/. Acesso em: 29 dez. 2021

Pedir aumento salarial – Se você for um bom colaborador, aquele funcionário realizador de todas as suas obrigações laborais, as chances de conseguir um aumento de salário são reais. Mesmo que tal pleito demore mais que seu planejamento, não obter êxito imediatamente não trará prejuízo algum para a viagem, pois você apenas não conquistou o aumento no tempo hábil. Porém, se confirmado o aumento salarial, aproveite a diferença para realmente guardar uma parte por mês e realizar o sonho da viagem internacional.

Economizando no dia a dia – É extremamente necessário economizar todos os dias em algum ponto de sua vida cotidiana. Essa economia, por sua vez, só será alcançada com uma profunda mudança de hábitos. Você pode economizar guardando todos os dias as moedinhas que são recebidas de troco na padaria e no mercado, por exemplo, guardando uma parte do vale recebido na semana ou um valor pré-estabelecido por você no recebimento do salário mensal.

Troque academias por áreas ao ar livre – Se você é do tipo que não abre mão de frequentar academias, experimente praticar exercícios em sua casa, nas áreas comuns dos condomínios, em calçadões e áreas públicas. O tempo de malhação na academia pode ser perfeitamente substituído por atividades ao ar livre. A maioria das cidades possuem áreas destinadas à prática de exercícios e todas são de graça. Muitas praças têm aparelhos de malhação e outras até permitem a prática de algum tipo de esporte.

Economize nas refeições – Outra forma de economizar é preparar o próprio almoço, sendo possível conseguir números significativos de economia. Caso não seja possível e você seja obrigado a almoçar fora, faça um apanhado de preços de todos os restaurantes perto de seu trabalho e com certeza você conseguirá encontrar preços mais atrativos. Outra boa dica é conversar com o dono do restaurante para almoçar todo dia, pois fidelizando o serviço você terá mais chances de obter descontos.

Trabalhar sem ir de carro – Para os que podem, a sugestão é ir ao trabalho a pé ou de bicicleta, usar rodízio de caronas com membros da família ou com conhecidos, ou quem sabe usar o transporte público de sua cidade. Usar carros de aplicativos também pode gerar uma boa economia. Reduza o uso do carro ou venda de vez se puder viver sem ele, haja vista o preço dos combustíveis no Brasil. Cada caso é um caso, mas com certeza em algum deles você pode se adequar.

Economizando com energia elétrica – O ar-condicionado é um item quase indispensável em países de clima tropical. Vivemos em um país que tem Sol o ano inteiro, e devido a condições climáticas ignoradas a tendência é piorar ainda mais, elevando-se as temperaturas. É difícil alguém conseguir economizar neste item, mas é necessário. A energia elétrica no Brasil é uma das mais caras do mundo e com certeza vai causá-lo inconvenientes. Comece gradativamente a substituir o ar-condicionado pelo ventilador e terá uma economia significante na conta de energia elétrica. Trocar as lâmpadas fluorescentes e incandescentes pelas de LED também ajudará muito na economia. Outra boa dica é valorizar a iluminação natural. Retirar os aparelhos eletrônicos da tomada ajuda na economia, porque, mesmo desligados, esses aparelhos ficam no modo *stand-by*. Diminua o uso do ferro elétrico, deixe para passar roupa apenas uma vez por semana. Use a máquina de lavar de 15 em 15 dias. O chuveiro é outro grande vilão, por isso deve-se tomar banhos mais curtos.

<u>Deixe de comprar marcas</u> – Quando for trocar os pneus do carro, compre marcas mais populares, iogurtes e refrigerantes, roupas e calçados, produtos de limpeza e higiene, entre tantas outras opções existem muitas delas menos conhecidas, mas de boa qualidade.

<u>Economize no entretenimento</u> – A assinatura de TV a cabo pode ser facilmente substituída por uma de *streaming* de vídeos, sendo possível economizar bastante. Cancele as assinaturas de revistas e jornais, mesmo que seja um hábito muito prazeroso para você. Você poderá assistir às notícias que leria de manhã no jornal impresso no telejornal da noite de graça.

<u>Comprar menos</u> – De uma forma geral é a base do sucesso nesse empreendimento, mas somos sabedores que ficar sem comprar não é uma opção. Para isso, seja racional, reflita se o que está prestes a comprar é realmente necessário, evite impulsos momentâneos, seja prudente, somente gaste com aquilo que é estritamente imprescindível. Não estou pedindo que ninguém deixe de viver com qualidade, apenas mostrando que existem opções mais baratas, como reconhecê-las e adaptar-se a elas.

<u>Trocar de ambiente</u> – Na hora do lazer, vá a lugares onde os preços sejam mais baratos, troque aquela pizzaria afamada por outra menos conhecida que não perde em qualidade, mas que pratica menores preços. Faça uso de programas alternativos, prepare o jantar em casa em vez de frequentar restaurantes. Combine noites de jogos de tabuleiros com a família. Faça piqueniques entre amigos com cada um levando um tipo de comida diferente. Visite feiras livres em que os preços praticados são bastante populares. Todas essas dicas vão te ajudar a passar o tempo e os gastos serão menores, a criatividade será a sua grande aliada nessa empreitada.

Faça uso de genéricos – Substitua os medicamentos da chamada linha ética por genéricos, com certeza você se surpreenderá com a economia. Todas as farmácias e drogarias praticam a venda de similares e genéricos. Se você já tem um farmacêutico de confiança, peça a ele que realize a troca. Caso não tenha, quando for consultar solicite ao médico que prescreva remédios genéricos. A economia pode variar entre 30% e 95% em determinados casos.

Reavalie seu plano de celular – Busque nas operadoras concorrentes orçamentos novos com a portabilidade inclusa, com certeza oferecerão descontos significativos para baratear seus custos com telefone. A competitividade entre as operadoras de telefonia está grande e todo dia você pode esbarrar com algum tipo de propaganda nova e com algum produto ou valor melhor que a praticado por sua operadora. Não hesite, mude para um plano mais barato e melhor.

Cartões de crédito – Dê preferência para os que não cobrem taxa de anuidade e use os que ofereçam o melhor custo-benefício. Ligue para as centrais de cartões e peça o fim da cobrança da anuidade. Caso não consiga, migre para cartões que não cobrem, com certeza você economizará um bom dinheiro.

Embelezamento – As mulheres devem deixar de ir sempre aos salões de beleza, pois facilmente podem se ajudar uma fazendo a unha da outra, uma escovando o cabelo da outra etc., deixe os salões para produções mais complexas. Em casos de tintura, alisamentos e atividades mais simples é possível economizar, leve os produtos que for usar, essa simples ação pode proporcionar uma boa economia, pois comprovadamente os preços no local são sempre mais caros. Indique amigas ao salão de beleza em troca de descontos.

Prefira dinheiro – Comunique a todos os amigos e parentes que você prefere ganhar quantias em dinheiro do que receber presentes. É isso mesmo, avise as pessoas que costumam lhe presentear durante o ano, seja pelo aniversário, Dia das Mães ou dos Pais, Natal e demais datas, que você precisa de dinheiro e que os presentes devem ser convertidos em dinheiro.

13º salário e férias – Não comprometa seu 13º salário, ele também é uma forma de economizar. Caso tenha férias vencidas, negocie com o empregador a compra delas. Essa forma de economizar pode ser sua maior fonte de renda nesta jornada, então planeje bem para não se endividar, assim o salário extra sobrará em sua totalidade para seus anseios.

<u>Lei do desapego</u> – Institua o desapego em sua vida: o que não está usando ou não serve mais, pode servir para outra pessoa. Você pode fazer um bazar de roupas usadas. Pode também aproveitar para vender calçados, livros e tantos outros objetos que tenha em casa e que estejam apenas ocupando espaço. Esse bazar não necessariamente tem de ser em um cômodo, você pode fazê-lo no quintal de sua casa ou em suas páginas de redes sociais.

Diga-me uma coisa: com essas dicas você já consegue economizar uma grana para realizar a viagem de seus sonhos? Se a resposta for sim, mãos à obra! Caso ainda não seja, tenho mais dicas para você. Se você não pôde economizar o suficiente apenas reduzindo gastos, não é motivo para desistir. Mas como conseguir dinheiro além de fazer economia? Se sua resposta foi "Começar a gerar rendas extras", você acertou. Veja a seguir algumas dicas e formas de obter uma graninha a mais:

<u>*Freelancer*</u> – Para os que têm um relativo tempo livre ou são profissionais liberais, recomendo atuar como motorista de aplicativo ou trabalhar de *freelancer* como entregador de encomendas e de comida. Dá para garantir uma boa grana trabalhando de 2 a 3 horas por dia com *delivery*. Pode-se também atuar em serviços de cobrança mediante comissões, entre outros.

<u>Alugar cômodos em casa</u> – Aos que possuem casa grande, alugar um ou mais quartos pode ser uma boa oportunidade de aumentar a renda. As possibilidades são muitas. Você pode preparar uma sala de sua casa transformando-a em um cômodo para aluguel.

<u>Ministrar aulas particulares</u> – Caso seja fluente em língua estrangeira, comece a dar aulas particulares. Se você é professor(a) de outra matéria, procure pessoas que precisem de aulas de reforço, sempre é uma boa opção para ganhar uma renda extra.

<u>Fabricar ou revender algo</u> – Se você é um(a) bom(boa) cozinheiro(a), comece a fazer quitandas, doces e guloseimas por encomenda e também para vender aos amigos e vizinhos. Você pode também fabricar temperos ou alimentos congelados. Entre outras opções estão: decorar chinelos revendendo por um valor agregado, fabricar fraldas caseiras, confeccionar cestas de café da manhã para datas especiais, vender brigadeiros, geladinhos *gourmet*, salgados e se preferir pode revender roupas, lingeries, bijuterias e perfumes.

<u>Vender o próprio cabelo</u> – Esse tipo de negócio pode render um bom dinheiro. Cabelos sem química e tintura podem valer R$1.000,00 ou mais, dependendo do tamanho e dos cuidados. Quanto maior ele for, melhor será o preço de venda. Dependendo do planejamento da viagem, a venda do

cabelo pode render uma grana extra suficiente para pagar as passagens de ida e volta do destino escolhido. Cidades como Buenos Aires, Montevideo e Santiago costumam ter seus voos nessa faixa de preço. Se você tem o cabelo comprido, pensa em fazer uma viagem e mudar de visual, eis que o negócio pode ser uma excelente opção. Existem potenciais compradores espalhados por todo o país e até no exterior que estão dispostos a pagar bons preços para atender sua clientela de perucas e apliques. A internet está cheia de anúncios de compra de cabelo. Aos que têm apego fica o consolo de saber que depois de um tempinho o cabelo cresce novamente.

<u>Reciclagem de alumínio</u> – Outra dica bastante fácil de se colocar em prática é a reciclagem de latas de alumínio. O reaproveitamento das latinhas movimenta um enorme mercado no Brasil. Se você tem características de ser empreendedor de si mesmo, com certeza conseguirá com suas atitudes valores significativos. O quilo da latinha de alumínio vale de R$ 2,40 a R$ 3,70 (valores orçados em meados de fevereiro de 2021). Não é difícil você montar uma rede de pessoas que estejam dispostas a ajudá-lo juntando latinhas, basta observar que o uso dessas latas já está consolidado no gosto popular. Você pode começar juntando em casa, com a ajuda dos vizinhos da rua e do bairro, da família, de amigos e colegas de trabalho. Existem muitas oportunidades de conseguir essas latas. Festas populares sempre produzem uma boa quantidade e você pode pagar para ter exclusividade no recolhimento. Existem avenidas propícias para a prática de caminhada que são repletas de quiosques e o descarte das latas são altos. O mais importante é ter foco na viagem. Fazer a viagem de seus sonhos só depende de você e de seu foco. Tenha seu objetivo sempre em mente. Dentre todas as dicas a mais importante é esta: a perseverança. Sem obstinação não fazemos nada. Mantenha o foco em seu sonho, realize sua viagem. Nesse momento você se encontrará consigo mesmo, pois seu esforço valeu a pena, você experimentou e conheceu a sensação de realizar uma viagem memorável.

1.9 Mais é menos

Quase sempre, em se tratando de viagens, mais será menos. Essa frase é um tanto enigmática, mas passa a fazer sentido quando você começa a fazer contas, então vejamos. Se você resolver fazer uma viagem sozinho, é natural que todas as despesas sejam pagas por você. Se essa mesma viagem for repensada e você contar com a companhia de uma ou mais pessoas, naturalmente as despesas serão divididas entre os participantes. Nessa hora, a matemática é infalível, mais é menos. Você contará com pessoas para rachar o valor da corrida do táxi, ou se preferirem o aluguel de um carro, o pagamento dos pedágios e até as unidades habitacionais, visto que muitas têm quartos com três ou quatro camas de solteiros.

Outra forma de economizar é no aluguel de casas de temporadas, o Airbnb (www.airbnb.com.br) tem se mostrado uma boa opção a partir de seis pessoas e os valores rateados ficam bem em conta. Nesse tipo de acomodação você pode economizar lavando e passando sua própria roupa, preparando você mesmo suas refeições, usando a garagem para guardar o carro alugado. O aspecto econômico é incontestável, mas não é o único. Em viagens mais é menos em muitos outros aspectos a exemplo da permanência maior em certo destino. Calma, eu não fiquei maluco, você deve estar se perguntando como ficar mais em um lugar fará a viagem ficar mais barata? Quando você permanece mais tempo em um mesmo local, seu dinheiro irá começar a render de modo simples, pois você se afeiçoará ao local, aprenderá a andar sem se perder, conhecerá os endereços dos supermercados, das farmácias, frutarias, lojas de conveniências e tudo mais que usa com frequência no dia a dia.

Estive duas vezes em Roma, na primeira oportunidade fiquei seis dias, e confesso que fui um turista de aproveitar o tempo, achava aquilo de que precisava e logo comprava, não tinha a chance de procurar uma segunda opção mais em conta. Buscava apenas não perder tempo, queria ver o máximo possível da cidade eterna nesse curtíssimo período. Mas, na segunda vez, já mais preparado e de posse de novos conceitos sobre turismo, resolvi conhecer a cidade de uma forma diferente. Me hospedei em três hotéis diferentes em 15 dias de viagens, dividi o centro histórico em um triângulo, escolhi hotéis perto de cada ponto de interesse e a partir daí comecei a ver a cidade de outro ângulo. Reconhecia-me andando pelas ruelas e me orientava pelas atrações turísticas. Fui aprendendo os macetes e a cada dia estava mais esperto quanto às roubadas que de uma forma ou de outra fazem o turista gastar mais. A permanência estendida em Roma me fez entender que mesmo em pouco tempo era possível planejar melhor os roteiros para conhecer as atrações turísticas. Então, na viagem anterior, com apenas seis dias, eu ia de atração em atração de táxi para ganhar tempo. Na segunda aventura delimitei Roma em várias rotas e pude aproveitar muito melhor a cidade gastando bem menos em mais dias.

Capítulo 2

Qual seu estilo de viagem?

Júnior Santana – Puerto Madero, Buenos Aires, Argentina – 2018

Você se conhece? Sabe definir qual é seu perfil de viajante sem medo de cometer erros? Se a resposta for sim, ótimo. Descobrir seus gostos e seus estilos é o primeiro passo para seguir adiante em uma viagem, ou seja, definir o destino. Sei que existe quem prefira viagens tranquilas, assim como existem pessoas que buscam exatamente o contrário. Há quem viaje pela primeira vez, com desejos fortes de explorar a cultura e outros que são atraídos pelas oportunidades de compras do destino. Independentemente de seu estilo e até de seu objetivo, o melhor é estar preparado para se aventurar.

O desconhecido lhe proporcionará muitas coisas além de atrações turísticas e *souvenirs*. Você levará em suas memórias sabores diferentes e inimagináveis, aromas antes não percebidos, histórias que lhe farão repensar o verdadeiro significado da vida e, acima de tudo, descobrirá novos olhares e novas formas de ver, ser e existir.

2.1 Período sabático

O que significa *período sabático*, que mais parece um período de orações de alguma religião? Em uma linguagem mais moderna, a melhor definição que encontrei é "romper com a rotina". Muitos aderem a esse período e alguns nem chegam a sair de casa, quanto mais fazer uma viagem. É claro que estou falando de uma minoria.

O período sabático normalmente corresponde a determinado tempo que se aproveita para viajar, descansar e refletir. O objetivo desta que pode ser uma grande aventura precisa responder, antes de mais nada, a algumas dúvidas pessoais que somente o viajante sabe: Qual o objetivo da viagem? O que você espera que aconteça nela? Quais as mudanças almejadas? As transformações que possam acontecer serão satisfatórias? Essas e outras demandas são de cunho pessoal e devem ser respondidas por todo aventureiro que deseje realizar a viagem. Penso que tal aventura exija uma grande motivação pessoal, uma vontade enorme de sair pelo mundo, aprender outras línguas, vivenciar outras culturas, além, claro, de uma curiosidade imensurável ou de uma vontade de não ver certos rostos por um período considerável de tempo.

Outra dica que acho apropriada para o momento é realmente ter clareza das situações que você deseja experimentar. Um projeto deste tamanho pode ser um verdadeiro achado espiritual e de realização, mas pode também ser uma furada muito grande ou até mesmo não passar de uma viagem cumprida. Tirar um ano sabático pode trazer mudanças jamais imaginadas, seja para sua carreira ou vida pessoal. Imagine você voltar da viagem totalmente transformado, desejando até mudar de profissão?

Se você tem medo de encontrar-se consigo mesmo, acho melhor não viajar e economizar o dinheiro para outra coisa. Mas, por outro lado, você pode aprender novas habilidades, andar pelo mundo pode lhe conferir fazer pequenos consertos ou trabalhar de alguma forma que não seja com ofícios que você conheça. A viagem poderá lhe proporcionar conhecer novas pessoas, estabelecer contato direto com culturas diferentes das que você conhece e até antagônicas.

Alguns países têm costumes que nós, ocidentais não aprovamos, por exemplo: se você passar por alguma aldeia esquimó, poderá lhe ser oferecido dormir na cama com a mulher do chefe da casa, sendo considerada ofensa grave a recusa. Desencontros à parte, espero que o desenvolvimento do autoconhecimento floresça e que você consiga rejuvenescer mentalmente. Assim, acredito que o ano sabático pode ser interpretado como um período de renovação e de mudanças interiores. Para a confecção dessa viagem você precisará de ajuda de especialistas que já tenham vivenciado essa aventura. Recomendo um bate-papo com Guilherme Tetamanti, autor do livro *Quero Viajar Mais* e mantenedor de um *site* de mesmo nome. Ele já realizou um período sabático e poderá orientá-lo e até dar consultoria, se for o caso.

2.2 Viagem de volta ao mundo

A primeira vez que ouvi falar do tema foi com *A Volta ao Mundo em 80 Dias*, de 1956, com o ator David Niven. É um filme de quase 3h de duração, mas se pensarmos bem não é muito para uma produção gravada em vários países. Foi um sucesso quando foi lançado e desde então tem inspirado muita gente a realizar ou pelo menos a sonhar com viagens dessa natureza.

Dar a volta ao mundo faz parte dos sonhos de muitas pessoas. Muitas delas nem sequer sabem que é perfeitamente possível realizar a proeza e mais, comprando apenas uma única passagem. O tempo dos sonhos distantes acabou, vivemos uma época que contos científicos estão se tornando realidade. Não me surpreenderei se fizermos turismo no centro da Terra, nas profundezas dos oceanos ou na Lua. Fazer uma viagem ao redor do globo pode ser muito mais fácil que se possa imaginar.

Existem três grandes alianças aéreas mundiais que comercializam passagens desse tipo, com regras bem parecidas entre elas. Esse *ticket* se chama *The Round the World Fare* e é oferecido pela Star Alliance, pela SkyTeam e pela OneWorld. Essa viagem pode ser facilmente simulada nos seguintes *sites*: www.roundtheworld.staralliance.com e www.rtw.oneworld.com e www.skyteam.com.

As regras são um tanto parecidas, a maioria permite estar em pelo menos 16 países, contemplando todos os continentes. Outra regra é a duração de no mínimo 10 dias e no máximo um ano, terminando obrigatoriamente no mesmo país que tenha começado e seguindo sempre o mesmo sentido latitudinal escolhido no começo da viagem. Traduzindo: se você escolher começar sua viagem, por exemplo, no Rio de Janeiro e cruzar o Oceano Atlântico com destino à Europa terá de seguir sempre no sentido Oeste-Leste até chegar de volta ao Brasil.

Planejar uma aventura deste porte não é para quem está começando a viajar. Nesse tipo de passagem você mesmo faz seu itinerário, podendo escolher as datas que melhor lhe convier e até variar entre a primeira classe e a classe econômica. Mas esse planejamento vai exigir muito tempo e conhecimento e, é claro, uma soma considerável de dinheiro também.

O tempo é outro obstáculo nesse tipo de aventura. Normalmente quem tem um período tão longo de férias ou é rico ou já está aposentado, na maioria dos casos. Não é uma tarefa fácil montar esse roteiro, você precisa saber o máximo de cada lugar escolhido. Esse tipo de aventura exige respostas concretas para perguntas importantes. No roteiro escolhido há países que exigem visto para brasileiros? Qual será o clima na época de sua passagem pelo país? Quais as vacinas que cada país exige? Hoje você está montando o roteiro e o clima está de um jeito, daqui a uns meses o clima estará de outro, esses cuidados têm de ser muito bem observados para que você não entre literalmente em uma fria. Imagine visitar o Canadá, onde as temperaturas chegam a −30°C no inverno, ou estar de passagem pelo Egito no verão, onde a temperatura alcança facilmente os 45 °C durante o dia. Se seu sonho é esse, procure orientação especializada e boa viagem!

Você pode estar se perguntando "Em qual direção ir, Leste ou Oeste?". Quando o assunto é a direção a ser tomada, o tempo, os valores disponíveis e várias outras particularidades devem ser levadas em conta para responder a essa questão. Caso você decida rodar o globo, deve lembrar que muitos trechos não necessariamente serão percorridos por avião. Muitos trajetos serão feitos por trens, ônibus e até por barcos dependendo do destino. Esse tipo de viagem cresce no imaginário do turista e a cada ano temos mais notícias de pessoas realizando tal feito.

Também tenho vontade de fazer uma viagem desta magnitude e o meu foco já está decidido: será o continente asiático. Tentarei fazer o máximo possível de paradas por lá, por ser muito difícil o acesso aos países desse continente em viagens normais partindo de terras tupiniquins. Além disso, os valores são muito altos usando as conexões existentes. O sentido que entendo ser melhor é o Leste → Oeste. É cientificamente comprovado que o efeito do *jet lag* é menor nessa direção. Os fusos horários no sentido contrário roubam horas do dia e podem deixá-lo sonolento. Já indo para o Oeste, a diferença de fuso será sentida apenas na primeira escala. Após cruzar o Oceano Pacífico, recomenda-se ficar pelo menos cinco dias na primeira parada para adaptação. Uma vez superada a mudança abrupta de fuso horário, todas as mudanças seguintes serão mais suaves.

2.3 Turismo religioso

Júnior Santana – Basílica do Santo Sepulcro, Jerusalém, Israel – 2013

O turismo religioso no mundo envolve praticamente todas as religiões. Facilmente percebemos movimentos de peregrinação de católicos, judeus, muçulmanos, budistas, espíritas, hindus, entre outros. Esse tipo de turismo atrai por volta de 300 milhões de pessoas todos os anos.

A fé move montanhas, turistas e uma soma considerável de dinheiro também. Esse segmento do turismo mantém sua procura mesmo em momentos de crise, basta ver que cristãos, judeus e muçulmanos nunca deixaram de fazer turismo na Terra Santa, mesmo nos momentos mais críticos. Não por acaso, as cidades que dispõem de atrações religiosas criam expectativas ligadas à fé e à esperança, alguns destinos dependem do calendário das festividades religiosas.

Esses eventos necessitam de muita organização e planejamento devido às altas concentrações de turistas e muitos deles se resumem a peregrinações, espetáculos, festas e atividades religiosas diversas. A seguir eu listei algumas das principais e mais concorridas atrações religiosas:

<u>Vaticano</u> – É o berço da Igreja Católica, uma nação independente em território italiano. Os museus do Vaticano abrigam milhares de obras de arte, grande parte de cunho religioso, como esculturas, pinturas e a Capela Sistina. Quem visita o local tem a oportunidade de conhecer a Basílica de São Pedro, templo maior do catolicismo no mundo.

<u>Jerusalém</u> – Para o mundo ocidental, cristãos de uma forma geral, a cidade tem uma importância gigantesca, facilmente explicada devido à Igreja do Santo Sepulcro, que foi construída exatamente no local que Jesus Cristo foi crucificado. Para os judeus, o Muro das Lamentações tem grande importância e para os muçulmanos a cidade é sagrada.

<u>Meca</u> – Localizada na Arábia Saudita, a cidade é o local mais sagrado da fé islâmica e nela está a Grande Mesquita. É rota de uma peregrinação obrigatória.

<u>Cidade do México</u> – Na capital mexicana, encontra-se a Basílica de Guadalupe, que além de magnífica é o principal santuário católico da América. A basílica é a segunda mais visitada do mundo, perdendo apenas para a Basílica de São Pedro, no Vaticano.

<u>Santiago de Compostela</u> – Situada na Espanha, esta é a maior rota de peregrinação católica da Europa e existe desde o século IX. Não há apenas um caminho, são vários. São percursos feitos por peregrinos com o objetivo de venerar o túmulo de Santiago Maior, um dos apóstolos de Jesus Cristo.

<u>Fátima</u> – Cidade portuguesa que recebeu este nome devido ao Santuário de Fátima. É um local de devoção da fé católica. O complexo conta com duas basílicas e uma capelinha, onde aconteceram as aparições. Culturalmente enraizada na religião católica, todos os anos dezenas de milhares de pessoas passam por ali em devoção e oração à Nossa Senhora de Fátima e aos Pastorinhos.

<u>Istambul</u> – Cidade que pertence à Turquia, geograficamente situada em dois continentes, e abriga a famosa Mesquita Azul. É um símbolo religioso para muçulmanos de todas as partes e uma das construções mais bem planejadas e bonitas que o mundo islâmico já produziu.

Onde houver fé e religiosidade haverá de alguma forma peregrinações ou festas religiosas e com toda certeza o turismo religioso se fará presente. Existem muitas outras localidades não citadas anteriormente, que também merecem destaque, por exemplo:

- Angkor Wat, antiga capital do Império Khmer, símbolo do Camboja, que tem importante significado budista.
- Lourdes, outra cidade em que a Nossa Senhora teria aparecido para uma menina. Situada no sudeste da França, recebe por ano aproximadamente cinco milhões de peregrinos.
- Varanasi, cidade indiana banhada pelo rio sagrado Ganges. Os hindus acreditam que suas águas têm o poder de purificar a alma e uma grande peregrinação acontece todos os anos.
- Kathmandu, que fica na capital do Nepal e abriga um grande centro de peregrinação do budismo e do hinduísmo.
- Medjugorje, que fica no sul da Bósnia e Herzegovina. Desde que jovens moradores afirmaram terem visto uma aparição de Nossa Senhora, tornou-se o local mais visitado do país.

O turista combina em sua viagem o prazer com a religião, sendo a motivação fundamental a fé. O turismo religioso apresenta-se como um segmento crescente do turismo mundial.

2.4 Turismo de consumo

Izabela Santana – Galerias Pacífico, Buenos Aires, Argentina – 2018

Qual viajante não gosta de fazer compras? Todos, essa é a resposta correta. Porém, nem todos planejam viagens com esse intuito. Muitos, acredito que a maioria, procuram unir o útil ao agradável, o famoso custo-benefício, e estão sempre tentando pechinchar e procurando os melhores preços durante as viagens, principalmente nas lojas *duty free*. Mas acredite, também existem apaixonados por compras, que calculam tudo para fazer uma viagem de compras, seja comprar para possuir ou para revender.

Esse tipo de turista escolhe minuciosamente datas específicas e procura lojas renomadas que já tenham calendários de promoções. Lugares como os *outlets* de Miami, que nas trocas de estações realizam grandes descontos, são alguns dos alvos. Aqui na América do Sul o principal roteiro é a Ciudad Del Este, no Paraguai, em que, diferentemente de Miami, os preços são baixos o ano todo. Outros locais mundo afora também podem oferecer preços bons, a regra é procurar bem e quando achar a pechincha certa, fechar o negócio.

A maioria das viagens para a prática do turismo de consumo se resumem a excursões que fretam ônibus com motoristas. As viagens individuais variam muito de época e local, sendo o câmbio e as ofertas fatores determinantes para sua realização. Por outro lado, seus objetivos são os mesmos: possuir algo comprando mais barato ou adquirir algo que lhe permita vender e auferir lucros, vistos os preços baixos e a exclusão de grande parte dos impostos de importação, senão de todos.

2.5 Turismo cultural

Izabela Santana e Júnior Santana – Coliseu, Roma, Itália – 2013

A cultura é um assunto muito extenso, se pensarmos em todas as suas vertentes, mas no nosso caso, em se tratando de viagens, elas se resumem a três tipos: viagens históricas, viagens artísticas e viagens gastronômicas. Para os que amam a cultura histórica, as escolhas serão sempre considerando a história do destino, a exemplo de Roma. A cidade é um museu a céu aberto – aliás toda a Itália é –, cada monumento, rua e casa nos remete ao passado e nos ensina parte da história local. Por outro lado, há quem busque opções artísticas, e não consigo me lembrar de uma opção melhor que Nova York, com seus glamorosos teatros e *shows* para todas as idades e gostos.

Um pouco diferente, mas não menos procuradas, estão as viagens gastronômicas. Essa modalidade de turismo vem crescendo e conquistando aqueles que estão dispostos a curtir novas sensações. Ter uma experiência diferente tem atraído viajantes de diferentes partes do mundo. Além da degustação, você pode ver de perto alguns processos de produção. Imagine você visitar uma vinícola famosa ou uma casa de queijos, seria uma oportunidade de fazer um tour gastronômico maravilhoso. O principal destino desse tipo de turismo provavelmente é Paris.

2.6 Turismo ecológico e de aventura

Júnior Santana e Izabela Santana – Cavernas de Waitomo, Nova Zelândia – 2010

Vários são os objetivos do turismo ecológico e de aventura, e a Responsabilidade Ambiental e a Responsabilidade Social são os dois grandes pilares para a prática de viagens responsáveis. Causar o mínimo possível de impacto ambiental e preservar o meio ambiente é o caminho a ser trilhado para fazer a diferença. Esses segmentos turísticos têm a preservação da natureza no centro de suas atividades, sendo o desafio maior viajar com consciência ecológica. A ideia é manter uma relação de preservação, cuidando do destino turístico e preservando as diferenças sociais e culturais dos destinos.

O turismo ecológico almeja de maneira inteligente, lúdica e pedagógica aproximar o turista da natureza. Muitas são as formas de atuar nessa modalidade, alguns preferem caminhar usando trilhas bucólicas, históricas e de dificuldades calculadas, um bom exemplo é o Caminho de Santiago de Compostela. Outra opção que caiu no gosto popular é o mergulho em águas cristalinas, como as da região da Sardenha na Itália. Fazer turismo em cavernas já é um bem-sucedido negócio, a exemplo das cavernas de Waitomo, na Nova Zelândia. Mas não é só isso. Muito abrangente, o turismo de aventura não visa somente à preservação do meio ambiente, mas também oportunidades, por meio da realização de atividades ou esportes de risco, em que a emoção é pautada pelo tamanho do desafio.

Alguns preferem desbravar corredeiras em botes, praticando *rafting*, descendo o leito dos rios. Um dos locais mais cobiçados para a prática desse tipo de turismo são os rios Alsek, no Alasca, e Tatshenshini, no Canadá. Outros tantos meios de aproximar homem e natureza estão sendo usados com muito sucesso. O rapel em cachoeiras de regiões remotas, poucas conhecidas, tem crescido no gosto dos adeptos, que sempre desfrutam de tudo que a natureza pode oferecer de modo sustentável e consciente.

2.7 Viagens românticas

Celebração do amor, assim seria mais bem definida a viagem romântica. Para os viajantes inveterados basta apenas o pretexto, ou seja, a desculpa para zarpar em uma nova viagem. E por que não juntar as duas coisas? Há uma infinidade de motivos que têm servido de motivação para os amantes viajarem.

As bodas de casamento estão ganhando espaço considerável nesse segmento. Também está mais comum trocar a festa de noivado por uma viagem. A cada dia mais e mais apaixonados se aventuram em pacotes de turismo especializados no tema. Os locais são os mais variados, Paris e Roma são as cidades europeias mais cobiçadas. A língua que o casal usará durante a viagem não tem importância, o importante é fazê-la.

O amor deve ser comemorado sempre pelo casal, e para celebrá-lo na viagem não se faz necessário ter uma data motivacional específica, embora muitos gostem do glamour que o período proporciona.

Muitos sonham em realizar uma turnê romântica e não sabem por onde começar. As viagens de lua de mel são as mais procuradas para celebrar o amor. A Tailor Made Travel (http://www.tmtravel.com.br) é uma empresa consolidada no mercado de viagens românticas e tornou-se uma grande referência desse setor. O foco principal é levar os casais para os melhores destinos que o mundo oferece, mas nem de longe as viagens de lua de mel são as únicas opções para os apaixonados de plantão que amam viajar.

Uma moda que está crescendo muito é o casamento no exterior. A Welcome Weddings (www.welcomeweddings.com.br) é uma empresa muito bem-conceituada desse segmento. Esse tipo de cerimônia é conhecido como *destination wedding*. Caribe é o destino procurado pela grande maioria dos noivos, depois vem os países da Europa. Existem centenas de milhares de lugares para quem deseja fazer uma viagem romântica, com opções de itinerário em todos os continentes.

Alguns roteiros são muito acolhedores e a aventura romântica pode ser também cultural. Os destinos variam conforme os gostos e as posses de cada casal. Locais como Buenos Aires, na Argentina, têm uma boa procura, a cidade proporciona excelentes opções de jantares românticos nos restaurantes chiques de Puerto Madeiro, tudo isso com um câmbio favorável para nós brasileiros. Na França a preferida é sempre Paris, que tem uma infinidade de atrações, desde visitar castelos medievais até jantares à luz de velas em conceituados restaurantes franceses. E claro, lá estão os melhores vinhos e champagnes do mundo.

Há também outras opções paradisíacas, como Cancún e seus *resorts*, o Caribe, a Riviera Francesa, as Ilhas Baleares, na Espanha, Cinque Terre, na Itália, Santorini, na Grécia, Polinésia Francesa e, não poderia faltar, Veneza, na Itália.

Outra forma de viagem que está sempre em evidência com os casais é o cruzeiro. Convenhamos, os transatlânticos respiram romantismo, são enormes, glamourosos, chiques e lindos. Essa opção oferece preços especiais para casais em lua de mel. Caso pretenda realizar uma viagem dessa, informe seu agente de viagens para que ele coloque no *voucher* que o casal viajará em lua de mel. Todas as companhias fazem questão de presentear o casal. Já vi casos em que uma garrafa de champagne foi colocada gentilmente na cabine com um bilhete de felizes núpcias. Em outras companhias, os noivos se sentam na mesa do capitão durante o jantar de gala. As mulheres ganham sessões no spa do navio, entre muitos outros mimos. Vale a pena conferir, os recém-casados em navios de cruzeiros são muito bem tratados.

2.8 Turismo náutico e de Sol e praia

O turismo náutico divide-se em dois principais grupos: a atividade mais conhecida são os cruzeiros, que, por meio dos navios de grande porte, cruzam os mares e oceanos oferecendo estadia, passeios, excursões e muita diversão a bordo de verdadeiras cidades flutuantes. Os cruzeiros têm um capítulo próprio nesta obra, no qual são dadas dicas sobre o tema. A segunda atividade é a realização de eventos que propiciem navegação de barcos a vela, iates e atividades que mantenham contato com a natureza aquática.

Já o turismo de Sol e praia é bastante expressivo em países tropicais, onde a temperatura é quente o ano todo. É muito comum nos períodos de férias escolares, feriados prolongados e de uma forma geral as boas praias mantém um bom público o ano todo. Uma boa pedida para quem gosta de praia é fazer um cruzeiro pelo Caribe, os navios amanhecem em uma praia diferente todos os dias, permitindo ao turista conhecer muitos locais em uma mesma viagem.

Júnior Santana – Veleiro Pride of Auckland, Auckland, Nova Zelândia – 2010

2.9 Turismo de intercâmbio

O intercâmbio é uma prática bastante difundida nos EUA e na Europa já há muito tempo. Antigamente era necessário que um estudante viesse ao Brasil, por exemplo, para um brasileiro poder ir ao país dele pelo tempo combinado. Com o passar dos anos, surgiu uma nova versão de intercâmbio, compreendida por uma viagem que prioriza conhecimentos culturais por meio de múltiplas experiências no exterior, sendo as formas mais comuns o intercâmbio para estudo e para trabalho. Na prática, o intercambista retornará a seu país com conhecimento maior do que quando embarcou. A seguir são listados alguns *sites* das melhores e mais especializadas empresas de atuação em intercâmbio no Brasil e no mundo e algumas comunidades que proporcionam formas alternativas de se praticar uma viagem internacional.

www.ci.com.br – CI intercâmbio e viagem é uma empresa especialista no assunto. No *site* você encontrará respostas para todas as suas dúvidas, entendendo o que é um intercâmbio, como ele funciona, que tipo de intercâmbio poderá fazer, para qual país, qual cidade e em qual estação do ano viajar. São informações muito úteis para quem deseja realizar uma viagem dessa natureza.

www.worldpackers.com – Worldpackers é uma comunidade baseada no aprendizado adquirido durante as viagens e principalmente nas colaborações e relacionamentos honestos que tornam a viagem de fácil acesso e descomplicada. O *site* conecta viajante com locais que viabilizem estadia em troca de atividade remunerada, encurtando o caminho para aqueles que buscam uma experiência cultural, profunda e marcante.

www.experimento.org.br – Uma gigante do setor de intercâmbio cultural, é pioneira no Brasil com mais de 55 anos de atuação. Difícil pensar em programas de educação experimental internacional no país sem fazer pelo menos uma consulta com essa empresa.

www.afs.org.br – A AFS Intercultural Programs é uma organização mundial de educação intercultural com mais de 100 anos de atuação no mundo e mais de 60 no Brasil. Trata-se de uma grande mobilização para criar e motivar cidadãos mundiais. A organização não governamental no Brasil disponibiliza perspectivas educacionais muito boas, recebendo alunos de consideráveis partes do mundo.

www.stb.com.br – Em funcionamento desde 1971, o Student Travel Bureau (STB) é uma empresa que trabalha com cursos de intercâmbio em vários idiomas, oferecendo cursos de ensino médio e de graduação, além de trabalho e viagens e voluntariado no exterior.

www.rodamundo.tur.br – A Roda Mundo é uma agência habilitada em programas de intercâmbio cultural e turismo, com opções de estudar e trabalhar em muitos lugares do mundo.

www.couchsurfing.com – Couch Surfing significa literalmente "surfando no sofá". O anfitrião cede o sofá da casa e um banheiro para seu hóspede. Quem opta pelo *couch surfing* não procura por privacidade e está acostumado a obedecer regras. A grande maioria almeja ter experiências com culturas diferentes, promover o aprendizado e compartilhar conhecimento. É uma comunidade que conta hoje com mais de 20 milhões de pessoas em mais de 200 mil cidades espalhadas pelo planeta. Na prática, é uma rede de viajantes que encontrou uma forma de economizar dormindo em sofás.

www.thefriendshipforce.org – The Friendship Force significa "força da amizade" e é uma organização com foco cultural sem fins lucrativos. É uma espécie de clube que promove viagens internacionais por meio de viagens em casas de família, buscando aproximar pessoas por meio de experiências ímpares, que não são possíveis de se ter no turismo comum. Essa hospedagem caseira promove experiências culturais diferentes, e a vontade de ajudar nossos semelhantes, seja orientando ou com ações filantrópicas e altruístas. A organização cobra anuidade dos sócios, que estão presentes em todos os continentes e em mais de 60 países.

2.10 Turismo de voluntariado

Um dos meios de turismo que mais cresce é o turismo de voluntariado. Existem muitas formas de entendimento e explicações sobre o tema. Na prática, a viagem de voluntariado consiste na troca de algumas horas de trabalho por hospedagem e outros tipos de ajuda de custo, incluindo remunerações em dinheiro. O voluntariado pode ser uma excelente oportunidade para conhecer outros países a um custo bem pequeno.

Essa experiência de escambo pode ser muto útil para você aprender a língua local, esticar a viagem por mais dias, conhecer países vizinhos ao que você está voluntariando e transformar-se.

www.coralcay.org – A Coral Cay Conservation proporciona oportunidades de voluntariado internacional para a conservação de recifes de coral. Essa organização atua em muitas partes do mundo, sempre ajudando comunidades rurais de países em desenvolvimento. O grande foco é administrar os recursos marinhos e florestais destes locais de modo sustentável. Não exigem graduação acadêmica em ciências e nem experiência em mergulho. Caso você esteja preparando um ano sabático, deseja dar um tempo na carreira ou se aposentou, procure por mais detalhes no *site*, você pode estar prestes a uma experiência estimulante, educacional e agradável. Seguem algumas opções:

www.ppexperience.com.br – Passion & Purpose Experience é uma agência de turismo inspirada nas pessoas que gostam de viajar e fazer o bem ao mesmo tempo, fundada para proporcionar experiências fascinantes. O propósito é conectar pessoas que se identificam com viagens.

https://wwoof.net – World-Wide Opportunities on Organic Farms pode ser traduzida como "oportunidades mundiais em fazendas orgânicas". Criada na Inglaterra na década de 70, trata-se de um emaranhado de organizações que juntas promovem o trabalho de voluntariado em agricultura biológica pelo mundo. Presente em mais de 100 países, sem limite de tempo de permanência nem de idade máxima. É uma boa oportunidade para especializações nas diversas áreas existentes e para aperfeiçoamento em um idioma estrangeiro.

www.workaway.info – Workaway significa ser um turista que retribui às comunidades por onde passa. É um tipo de intercâmbio cultural, o liame é formado pela oferta de algumas horas de trabalho em troca de hospedagem e alimentação, especializada em intercâmbio cultural e voluntariado em aproximadamente 170 países. A idade mínima é de 18 anos, e não existe idade máxima, sendo permitidas inscrições de casais e até de famílias. A grande missão é construir uma coletividade de compartilhamento de viajantes mundiais, aperfeiçoar o intercâmbio, aprender novas habilidades e fazer amigos. Em alguns locais é possível até ser remunerado pelo trabalho.

House sitting – Literalmente uma espécie de babá doméstica, que assume os cuidados da casa de alguém enquanto a pessoa viaja. O viajante mora na casa por um período pré-determinado sem pagar aluguel, em troca de realizar serviços e assumir a responsabilidade de cuidar dos animais de estimação. Na prática, precisa manter o bom funcionamento da casa, gostar e ter experiência em cuidar de animais. Esse intercâmbio cresceu muito e várias são as empresas especializadas à disposição no mercado. Algumas delas cobram uma taxa anual, que pode variar e chegar a 119 dólares, podendo o sócio usar os serviços quantas vezes quiser durante o período. Todos que usaram recomendam e garantem o retorno do investimento. São exemplos de *sites* desse ramo de atividade o Trusted Housesitters (www.trustedhousesitters.com), o House Carers (www.housecarers.com), o Mind My House (www.mindmyhouse.com) e o Luxury Housesitting (www.luxuryhousesitting.com).

2.11 Turismo de viagem surpresa

Pode parecer um tanto estranho outras pessoas decidirem por você o local de suas próximas férias, e mais inusitado ainda se você não souber para onde vai. As novidades sempre causam esse sentimento de estranheza, principalmente quando o assunto requer decisões de cunho pessoal. Aprofundando-se nesse novo tipo de turismo, o negócio propõe na prática exatamente isto: você irá viver uma aventura sem saber o destino.

O *site* Instaviagem (https://instaviagem.com) aposta justamente no fator surpresa. O planejamento de sua viagem é feito com base em um formulário preenchido por você. Segundo as informações, sua viagem surpresa pode ser montada em poucos minutos, sem data definida e não existe custo para o cancelamento. A surpresa é o grande atrativo, sem contar que aquela burocracia costumeira das viagens é toda por conta da plataforma. Sim, é verdade, eles planejam, elaboram roteiros com sugestões de atrações já com os bilhetes quando for o caso, além dos rotineiros hotéis e restaurantes. Alguns detalhes desse atípico pacote turístico serão resolvidos somente após a contratação. Tudo é escolhido baseando-se nas respostas deixadas nos formulários *online*. O fator comodidade é levado bem a sério e você realmente começará e terminará sua viagem com tudo pronto. Você pagará por uma viagem sem saber o destino, nem mesmo a cidade ou país escolhido. A regra vale para os hotéis, passeios e tudo mais, sendo revelada a surpresa apenas dois dias antes do início da viagem, quando você receberá tudo, desde o destino até o roteiro com todas as reservas e as informações úteis. É um excêntrico estilo de viajar que pode agradar aos viajantes aventureiros.

2.12 Turismo rural

O turismo rural ganhou força a partir dos anos 1980. Daí em diante, gradativamente, mais e mais pessoas começaram a prestar atenção nesse ramo do turismo no mundo. O grande desafio foi transformar pescarias, passeios a cavalo e piqueniques em negócios rentáveis. Começaram então a surgir pousadas e hotéis-fazenda para acomodar turistas, levando mais conforto e tranquilidade para as estadias perto da natureza.

Quem deseja ter uma experiência dessas deve buscar localidades rurais que mantenham vivas suas tradições folclóricas. Nesse tipo de turismo, deve-se ter o cuidado para não causar impacto ambiental. Esses estabelecimentos usam seus próprios recursos locais, produzidos ali mesmo, desde aos alimentos e bebidas até a bucha de banho natural.

Nesse segmento turístico as atividades possíveis são muitas, entre elas:

Atividades de lazer – Caminhadas, acampamentos, cavalgadas, pescarias amadoras, banhos em lagos, cachoeiras e rios, boia-cross, tirolesa, passeios de barco etc.

Atividades esportivas – *Trekking*, rapel, trilhas ecológicas, *off-road*, arvorismo, escalada, montanhismo, *mountain bike*, cicloturismo, canoagem etc.

Atividades culturais – Experiências gastronômicas e preparação de pratos típicos com ingredientes locais, degustação e fabricação de bebidas tradicionais, folclore, artesanato, experiência com música e dança nativas etc.

Atividades de manejo – Colheita de frutas e alimentos diversos, hospedagem em ambientes bucólicos, interação com animais etc.

O turismo rural cresce em todo mundo e é uma excelente forma de atrair quem deseja repouso e sossego do agito dos grandes centros. Portugal é um dos países que mais se especializaram nesse segmento, aproveitando as estruturas seculares já existentes agregando valor aos costumes e tradições locais.

2.13 Turismo "lado B"

Júnior Santana e Izabela Santana – La Panera Rosa, Buenos Aires, Argentina – 2018

Uma prática relativamente nova de turismo, mas que tem crescido muito, principalmente em cidades com grandes atrações turísticas é o turismo "lado B". É uma excelente opção para o turista que visita um local pela segunda vez ou até mesmo para os marinheiros de primeira viagem. Esse tipo de passeio consiste em mostrar, aos interessados em um turismo diversificado, aspectos da cidade que na maioria das vezes são completamente ignorados pelos *tours* já padronizados.

Os lugares "lado B" são aqueles que ainda não são tão conhecidos e que merecem ser visitados. Esse novo tipo de turismo fornece todas as dicas desses locais, sempre na presença de guias, fotos personalizadas e agradáveis surpresas durante o *tour*. Tive uma experiência muito boa com um *tour* "lado B" oferecido pelo Aires Buenos Blog. O nome do passeio é Tour Buenas Noches. Fui levado a uma viagem atemporal sobre a história da cidade de Buenos Aires, com um *show* de luzes pela noite portenha e suas atrações, que são muito mais glamourosas à noite. Eu recomendo, pois a cidade à noite é diferente, é muito mais bonita e compensa fazer o passeio. Essa forma de ver, ouvir e sentir uma cidade é diferente e muito bacana. São aventuras ótimas de se fazer com segurança por bairros que não estão no mapa turístico da cidade e desacreditados de seu potencial, mas com alguma atração que merece ser vista.

Esse tipo de turismo é ideal para quem prefere conhecer os lugares com calma. Outra parte muito interessante é que dá para conciliar com uma boa economia. Conhecer restaurantes fora das rotas tradicionais lhe trará economia de dinheiro, além de aproximar você dos nativos e de seus costumes. Na foto acima, estamos eu e minha filha em uma padaria charmosíssima de Buenos Aires, com todos os atrativos, tudo o que é servido lá é muito gostoso. Recomendo aos que gostam de beber um bom café que visitem o local. Além do excelente serviço prestado, você não deixa de estar em uma atração turística diferente. Convenhamos, não é todo dia que você tem oportunidade de estar em uma padaria toda cor de rosa, não é? Também é um excelente local para um descanso rápido e para tirar fotos, uma típica atração de turismo "Lado B".

2.14 Turismo *backpackers*

Backpackers é o termo em inglês para o turismo praticado por mochileiros. No Brasil, a expressão mais usada é "fazer um mochilão". Na prática, os adeptos desse tipo de turismo viajam por conta própria, economizando o máximo possível. Fazem uso apenas de uma mochila, levando somente o imprescindível. Seus gastos beiram o essencial, fugindo dos tradicionais roteiros, dos transportes já consagrados em locações turísticas e dos restaurantes tradicionais. Muitos vão de carona, a pé, de bicicleta e de muitas outras formas que possibilitem economizar.

O mochilão tem adeptos de todas as faixas etárias e em todas as partes do mundo. É um jeito pouco ortodoxo de fazer turismo, onde o essencial é encontrar pessoas em lugares diferentes e aprender interagindo com novas culturas. Nesse tipo de empreitada, a primeira ação é tomar conhecimento das intempéries e imprevistos que esse tipo de viagem está sujeito a sofrer. O planejamento pode determinar o ritmo da viagem. Quanto mais informações você obter, quanto mais estudar sobre o destino, melhores as chances de evitar uma decepção indesejável.

É recomendável aos que nunca viajaram dessa forma que façam uma pequena experiência antes de se aventurarem em viagens mais prolongadas com níveis de dificuldades maiores. Pense em ir a alguma cidade que você sempre quis conhecer em seu próprio país por um período pequeno. É muito importante uma adaptação a esse estilo de viagem, acostumando-se à falta de conforto dos tradicionais hotéis, a andar carregando peso, a viajar em ônibus lotados, a pegar caronas, a enfrentar climas adversos, entre outros incômodos.

Toda programação em um "mochilão" é importante. imagine as dificuldades em sua cidade natal. Agora repense essas dificuldades em um país longínquo, que fala uma língua bem diferente da sua, com costumes e hábitos alimentares bastantes estravagantes para os nossos padrões. Portanto, um planejamento minucioso é a recomendação. Busque informações em todos os lugares e com pessoas que já fizeram ou que fazem esse tipo de viagem, elas podem dar dicas que podem fazer toda a diferença.

Algumas coisas podem ser feitas de imediato, aprimorar o inglês, por exemplo, é uma excelente iniciativa que vai ajudar muito. Navegue pelos *sites* dos lugares para onde você pretende viajar, veja fotos e imagens de satélite no Google Maps, que permite que você veja em tempo real as cidades, ruas, lojas, monumentos etc. Escolher a data da viagem, além de baratear a empreitada, pode ajudá-lo a escapar de temporadas de furacões, chuvas e frio excessivo.

Nunca deixar de observar se o país está passando por instabilidade política e outras situações que possam fazê-lo se arrepender. Sempre tenha um "plano B" para ocasiões de emergência e contrate seguro-viagem, pois acidentes acontecem. Como pode acabar sendo um tipo de viagem solitário, faça seu mochilão acompanhado por uma pessoa conhecida, um amigo, alguém da família ou com quem você tenha um relacionamento. Ter uma companhia é muito importante para enfrentar a solidão e a saudade de casa, além da ajuda mútua com os desafios do dia a dia. Mas lembre-se de discutir o estilo da viagem e como serão os gastos em comum, além do que vão visitar. Isso precisa ser trabalhado antes para evitar desencontros e tudo o que possa dividir opiniões e gerar atritos desnecessários.

Algo bastante importante e que deve ser muito bem pensado é a escolha do que levar na mochila. Você deve fazer pesquisas e pedir opiniões se sentir que seja necessário, mas boa parte das respostas remeterão a você mesmo. Em resumo: é o que for útil para você. Seguem algumas sugestões:

- documentos pessoais, comprovante de vacinação, cartões de crédito, seguro viagem, *vouchers* e dinheiro;
- medicamentos de uso contínuo e básicos, além de um mini kit de primeiros socorros;
- itens de higiene: escova e pasta de dente, fio dental, pente, sabonete, desodorante, hidratante, papel higiênico, cotonete, xampu 2 em 1, cremes diversos e camisinha;
- toalha de banho e de rosto;
- protetor solar para lábio, pele e óculos de sol;
- sacos para roupas sujas, de dormir e de lixo;
- lanterna, repelente e canivete suíço;
- lápis, caneta e bloquinho de rascunho;
- carregador de celular, eliminador de pilhas e *pen drive*;
- notebook, adaptador de tomadas universal e cabos diversos;
- relógio, cadeado e varal;
- calçados e roupas (calça jeans, bermuda, camisetas, pijama, boné, chinelo e um casaco leve);
- garrafinha para água e e-book.

Essas sugestões, aliadas às suas reais necessidades, vão ser muito úteis. Ademais, é só seguir os conselhos de economia dos outros tipos de viagens, mas a regra geral para viagens desse tipo é ter empatia e ser gentil sempre.

2.15 Turismo gastronômico

Júnior Santana – Roma, Itália – 2014

Você sabe o que é turismo gastronômico? É uma forma poderosa e prazerosa de levar o turista a conhecer e experimentar a culinária do destino escolhido que incrementa a viagem, interagindo turista e nativo, além de fomentar a economia local. Fazer parte de uma experiência turística gastronômica pode ser uma das melhores e mais enriquecedoras maneiras de conhecer e explorar novas culturas. Além da comodidade das redes de *fast-food,* as formas de refeições baratas e rápidas colocadas à disposição do turista são incontáveis e devem ser levadas em consideração principalmente para baratear a viagem.

Em todos os países sempre é possível conhecer um prato típico local, algo singular daquela região, sendo esse prato famoso ou não. A culinária local deve ser experimentada, fazendo parte do roteiro da viagem. Em muitos lugares esse tipo de turismo é uma verdadeira atração, e muitas vezes é praticado até mesmo sem que se perceba. O turista que passa pela Itália com certeza experimentará uma pizza tradicional, e a não ser que esteja com muita pressa irá procurar locais bem recomendados. Isso faz parte dessa cadeia de turismo.

Andando pelas ruas de Roma, algumas vezes tomei a decisão de onde almoçar atraído pela boa música tocada ao vivo na frente dos restaurantes romanos. Outras vezes pelo olfato e pela beleza dos pratos nas mesas já servidas. Esse liame faz parte da cadeia do turismo gastronômico, mas claro que não é só isso. Conhecer a culinária local tem de fazer parte de sua experiência de viagem. Muitas outras atividades estão agregadas nesse tipo de turismo, como degustar bebidas e conhecer vinícolas, participar de cursos de culinária, visitar feiras livres, mercados populares e experimentar novos temperos.

2.16 Turismo cinematográfico: lugares eternizados pelo cinema

Izabela Santana – Veneza, Itália – 2014

A vida imitando a arte fez com que séries e filmes virassem roteiros turísticos. Alguém duvida da importância cultural para os destinos e atrações turísticas do mundo? Claro que não. A cada vez que um filme exalta a beleza de determinado local ou uma cena marcante é filmada ali pode se esperar uma maior visitação ao local.

O filme *A princesa e o plebeu*, protagonizado por Audrey Hepburn e Gregory Peck, tem uma das cenas mais icônicas na Boca da Verdade (Bocca della Verità), em Roma, além do passeio de vespa pelas ruas da cidade, por meio do qual podemos reconhecer muitos outros monumentos da capital italiana. Falar dos filmes já feitos na cidade eterna não é tarefa fácil, são milhares. A cidade inclusive abriga a Cinecittà, um complexo de teatros e estúdios.

A indústria cultural tem facilidade para promover destinos turísticos já existentes e criar novos. *Game of Thrones*, série produzida pela HBO, foi um sucesso mundial. A primeira temporada foi lançada em 2011 e a oitava e última em 2019. Foram utilizadas locações na Espanha, Croácia, Islândia e nas Irlandas. Atores da série postavam fotos das gravações, fazendo os locais lotarem de turistas. Na Irlanda criaram passeios temáticos da série.

Sherlock, série do canal BBC, narra as aventuras do mais famoso detetive do mundo, Sherlock Holmes. O curioso é que o endereço do detetive na série, Baker Street, 221B, também existe na vida real. Em Londres, é possível conhecer a rua, a casa e o museu do personagem.

Indiana Jones leva até hoje os apaixonados pela sequência de filmes a visitar a Capilano Suspension Bridge, uma ponte suspensa a 70m de altura e com 137m de comprimento, que fica em Vancouver, no Canadá. Nessa ponte foram gravadas cenas de *Indiana Jones e o Templo da Perdição*.

Os filmes da saga *O Senhor dos Anéis* foram gravados na Nova Zelândia, e o turismo local não perdeu tempo. Foram preservadas muitas das características das aventuras dos personagens nas locações originais. Ao todo são mais de 40 locais de visitação que formam o Condado. É tudo como nos filmes, desde as ruelas percorridas de carroça por Frodo e Gandalf até a casa do hobbit Bilbo Bolseiro. É possível se aventurar em uma experiência única que coloca fãs do filme bem próximos à realidade dos cenários, tudo preservado e ambientado na Terra Média. O passeio termina com a degustação de cerveja no pub dos hobbits.

A lista de filmes que retratam cidades famosas, ou que torna cidades desconhecidas famosas da noite para o dia, é muito grande. O cinema mistifica os locais. Um bom exemplo disso é o filme *Anjos e Demônios*, que instiga a curiosidade sobre os mistérios do Vaticano.

Se você curte um bom filme, antes de pegar o avião, pesquise os filmes que foram filmados nos destinos que você pretende visitar, inclua a visita dos locais em seu roteiro ou contrate excursões especializadas no assunto, isso pode lhe render muitas boas fotos.

Livros também têm inspirado roteiros de viagens. Uma que está tendo boa aceitação é a Rota Dom Quixote. Esse roteiro possibilita a união de duas grandes paixões, literatura e viagem. Quem faz essa rota revive os prazeres do hábito da leitura *in loco*, adequando a viagem à literatura. Já se passaram mais de 400 anos desde que Miguel de Cervantes escreveu sua obra-prima *Dom Quixote* e agora os fãs das desventuras do cavaleiro andante e da literatura mundial podem refazer e visitar 13 localidades entre cidades e pequenos povoados. O romance narra aventuras do ingênuo cavaleiro medieval Dom Quixote por terras espanholas das regiões La mancha, Aragão e Catalunha. Destacam-se também Alcalá de Henares, Madri, Esquivias, Consuegra, Campo de Criptana, Toboso, Argamasilla de Alba, Ossa de Montiel e Ciudad Real.

2.17 Viagens solo

Aos viajantes que decidiram por realizar uma viagem solo e que ainda não sabem por onde começar, deixo a sugestão para prepararem-se gradativamente. A melhor forma é ir viajando aos poucos ao redor de onde se mora. Viaje solo para uma cidade vizinha de mesmo tamanho que a sua, depois programe uma viagem à capital de seu estado. Com o tempo você estará mais seguro e poderá viajar para um local mais longe que ofereça atrações diferentes. Depois, vá a países vizinhos ao Brasil antes de visitar a Europa e os demais continentes.

Os problemas e os imprevistos vão acontecer assim como em qualquer outra viagem. Todas as barreiras imagináveis para realizar viagens e passeios solos já são conhecidas, porém umas são de verdade, outras estão apenas em nossos pensamentos e por vezes algumas parecem até dogmas. Seja qual for seu caso, essas dificuldades aparentemente intransponíveis vão desaparecer quando você realizar a primeira viagem.

Muitas serão as vantagens e as desvantagens de uma viagem solo. Você poderá comer o que e quando quiser, a desvantagem aqui é pagar a conta inteira. Poderá demorar o quanto desejar na frente de uma vitrine ou em um pub sem ter alguém querendo ir embora. Outras vantagens são decidir qual atração ver e qual não passar nem perto, acordar e ter todo o quarto e o banheiro à sua disposição. Todos os compromissos feitos são com você mesmo e a evolução do roteiro está sob sua batuta.

Para uma melhor adaptação ao destino, você precisa ser prático: sua mala deve ser a mais leve possível, pois você poderá contar apenas consigo mesmo para carregá-la. Caso prefira um pouco de companhia na viagem, fique hospedado em hostels, que estão sempre cheios e possuem uma tradicional interação entre os hóspedes.

Precauções com segurança são fundamentais, desde a escolha das acomodações até os cuidados nas ruas. O orçamento não poderá conter erros e você deve se preparar para as emergências se acontecerem. Existem muitas empresas especializadas, uma delas é a Terra Azul (www.terrazul.tur.br), que está no mercado de viagens para solteiros e atua com relativo sucesso nesse segmento. Pesquise países que possuem estrutura e oferecem serviços para viajantes solo, alguns dos mais preparados nesse segmento são: Chile, Espanha, Holanda, Islândia, Noruega, Nova Zelândia, Suíça e Uruguai.

O que esperar de uma viagem solo? Essa pergunta deve ter milhares de respostas corretas e ao mesmo tempo diferentes. Acho que a melhor resposta seria dizer que depende do que se procura na referida viagem. Muitos viajantes relataram que encontraram cura para a superação de problemas, outros aprenderam a conviver consigo mesmos, atribuindo à liberdade em todos os sentidos o fator decisivo da evolução. As viagens mais transformadoras relatadas afirmam que a introspecção é a responsável pela aceitação dos conteúdos de sua mente, tomando consciência deles em processos meditativos. Viajar solo é a busca do "eu", que na maioria das vezes nunca foi explorado, catalisando dessa forma importantes *flashes* de epifania e encontrando consigo mesmo.

Em qualquer lugar do mundo, os atrativos turísticos naturais e culturais serão os fatores que determinarão as escolhas dos turistas. Nessa hora, as decisões passam pela escolha dos destinos e de qual viagem realizar. O turismo cresce e se desenvolve exponencialmente, tornando-se um gerador de renda, fomentando empregos e a inclusão social. Viagens são enriquecedoras, despertam e propiciam momentos únicos, experiências que jamais serão revividas a não ser com outra viagem. Escolha o tipo de turismo que mais lhe agrada e pegue a estrada! Não perca tempo, o mundo é muito grande e está à disposição do turismo. Um planeta repleto de cantinhos charmosos, bucólicos, históricos, milenares e glamourosos espalhados por centenas de países, cada qual com seus atrativos ímpares, tudo pronto e à espera para ser apreciado e eternizado nas memórias daqueles que decidiram ousar e ser felizes viajando.

Capítulo 3

Documentos para embarque internacional

Fonte: http://cgparis.itamaraty.gov.br/pt-br/passaporte.xml. Acesso em: 29 dez. 2021

Toda viagem internacional exige uma documentação especial. Muitos dos potenciais viajantes não estão acostumados e não sabem quais são nem como obter esses documentos. O esquecimento de um deles pode acarretar sérios transtornos. Mesmo com a viagem "andando", muitas pessoas ainda têm dúvidas, a maioria porque foi outra pessoa que organizou seu roteiro e sua documentação ou porque não lembraram de um ou de outro documento. Mas como assim esquecer do próprio documento? Acontece muito e a explicação está no fato de não lembrarmos de uma lista de documentos que usamos vez ou outra apenas no exterior.

Não importa a duração ou a distância da viagem, quando se tratar de documentos para uso no exterior a atenção deve ser redobrada. Ter todos os documentos organizados no mesmo local, sempre com você em algum bolso seguro é fundamental para evitar desentendimentos e economizar tempo na imigração. Antes de qualquer coisa, informe-se sobre a documentação exigida para entrar em seu local de destino. Pesquise quais documentos levar e se é exigido visto. Sabendo da importância da documentação em dia, vejamos agora as informações sobre cada documento necessário para uma viagem internacional.

3.1 Passaporte

Tudo certo, destino escolhido, então é chegada a hora de arrumar a documentação para a viagem. Para sair do Brasil e, consequentemente, entrar em outros países, é necessário documento de identificação. O passaporte é o mais usado, sendo aceito em qualquer país do mundo.

O passaporte comum tem validade de 10 anos e sua emissão custa R$ 257,25. Para você tirar seu passaporte, você deve entrar no *site* da Polícia Federal pelo endereço eletrônico www.pf.gov.br e seguir as seguintes etapas: reunir documentos, preencher formulário, pagar o boleto, agendar atendimento, apresentar documentos e captura de foto digitais na sede da Polícia Federal, consultar andamento e, por último, buscar o passaporte.

Você precisa tomar precauções com seu passaporte, perdê-lo pode lhe render muitas dores de cabeça. No mercado ilegal, um passaporte brasileiro pode alcançar cifras surpreendentes. Ele é muito cobiçado, pois nossa nação é pacífica, mantenedora de boas relações diplomáticas com todos os países do mundo, sem exceção. Ademais, o Brasil é um país formado por imigrantes de múltiplas nacionalidades e a composição étnica e racial da sociedade brasileira resulta dessa miscigenação, temos brasileiros natos descendentes de brancos, negros, latinos, nórdicos, asiáticos, árabes, africanos, palestinos, judeus, muçulmanos, indígenas entre outros povos. A nossa miscigenação cultural talvez seja uma das maiores do mundo e isso significa que qualquer um pode se passar por cidadão brasileiro.

3.2 Carteira de Identidade

A Carteira de Identidade, ou Registro Geral (RG), pode ser tirada em muitos lugares, como secretarias de segurança pública, delegacias, órgãos estaduais de múltiplos atendimentos, variando o tempo de sua confecção entre uma semana até 120 dias.

Ela é aceita como documento de identificação na maioria dos países da América do Sul, com exceção de Guiana, Suriname e Guiana Francesa. Leve em conta duas importantes dicas: a Carteira Nacional de Habilitação (CNH) e outros documentos identificadores, como Carteira de Trabalho ou carteiras classistas (a exemplo da carteira da Ordem dos Advogados do Brasil), não substituem a identidade, somente ela é aceita como documento de identificação e deve ter no máximo 10 anos de uso a contar da data de sua expedição. Não se esqueça disso! Existem muitos relatos de pessoas que foram impedidas de entrar em países membros do Mercado Comum do Sul (Mercosul) por não estarem portando o RG.

3.3 Certificado Internacional de Vacinação e Profilaxia (CIVP)

É um documento bastante importante para todos que têm o hábito de viajar. Muitos países exigem do visitante comprovante de vacina contra a febre amarela. Esse serviço também é chamado de Certificado Internacional de Vacinação e de Carteira Internacional de Vacinação. Ele comprova sua vacinação, sendo emitido gratuitamente pela Agência Nacional de Vigilância Sanitária (Anvisa) pelo *site* https://civnet.anvisa.gov.br/. Caso você já tenha sido vacinado contra a febre amarela, basta apresentar o cartão de vacinação em um posto da Anvisa em qualquer Aeroporto Internacional e realizar a troca.

Na dúvida se o país exige ou não o certificado, basta conferir no já mencionado *site*. Fica a dica para verificar também os países em que seu voo fará conexões e escalas, se for o caso. A Organização Mundial da Saúde (OMS) comunicou em 2014 que a vacina contra a febre amarela tem validade para toda a vida. Os certificados tinham validade de 10 anos e agora a validade é vitalícia. É muito comum encontrar ainda os dois tipos em uso.

3.4 Permissão Internacional para Dirigir (PID)

A Permissão Internacional para Dirigir (PID) é o documento que deve ser apresentado com sua CNH para que você seja autorizado a dirigir no exterior. É uma versão internacional da carteira de motorista brasileira. No Brasil estão autorizados a emitir a PID apenas os Departamentos de Trânsito e o Automóvel Clube Brasileiro (ACBr), que possui certificação homologada pela portaria nº 4.918, de 20 de novembro de 2019.

No caso dos Departamentos de Trânsito, é necessário apresentar pessoalmente com a CNH documento de identificação do condutor e comprovante de residência (uma cópia de cada). Os valores vão variar de estado para estado, sendo a partir de R$ 170,00 e podendo chegar a R$ 500,00. Também é possível atendimento pelo *site* do Detran de seu estado, normalmente o *site* oferecerá a opção "Permissão Internacional para Dirigir", bastando seguir em frente preenchendo os dados. Confira sempre todos as informações fornecidas por você, evitando erros de preenchimento para evitar transtornos indesejáveis no exterior. Uma vez que todas os dados estejam corretos, imprima e pague o boleto. A entrega será feita no endereço cadastrado e no prazo estipulado pelos Correios.

    Caso você opte pelo ACBr, basta acessar o *site* Carteira Internacional (https://carteirainternacional.org/) e seguir passo a passo as instruções. O valor da PID é de R$ 195,00 + taxa de entrega. A PID tem validade de três anos, porém se sua CNH tiver vencimento em um período inferior, ela vencerá na mesma data, ou seja, as duas vencerão juntas. Caso sua CNH esteja perto de vencer, aconselho a renovação para somente depois você solicitar a PID. O documento é garantido pela Convenção de Viena sobre Tráfego Rodoviário de 1968 e o Brasil é signatário desde 1981.

    A PID é traduzida em nove línguas, sendo indispensável em caso de acidente e sempre solicitada pelas grandes redes de locadoras de veículos. Mais de 100 países aceitam e reconhecem a carteira internacional. São alguns dos países signatários da Convenção: África do Sul, Albânia, Alemanha, Anguila (Grã Bretanha), Angola, Argélia, Argentina, Arquipélago de San Andres Providência e Santa Catalina (Colômbia), Austrália, Áustria, Azerbaidjão, Bahamas, Barein, Bielo-Rússia, Bélgica, Bermudas, Bolívia, Bósnia-Herzegóvina, Bulgária, Cabo Verde, Canadá, Cazaquistão, Ceuta e Melilla (Espanha), Chile, Cingapura, Colômbia, Congo, Coreia do Sul, Costa do Marfim, Costa Rica, Croácia, Cuba, Dinamarca, El Salvador, Equador, Eslováquia, Eslovênia, Espanha, Estados Unidos, Estônia, Federação Russa, Filipinas, Finlândia, França, Gabão, Gana, Geórgia, Gilbratar (Colônia da Grã Bretanha), Grécia, Groelândia (Dinamarca), Guadalupe (França), Guatemala, Guiana, Guiana Francesa (França), Guiné-Bissau, Haiti, Holanda, Honduras, Hungria, Ilha da Grã-Bretanha (Pitcairn, Cayman, Malvinas e Virgens), Ilhas da Austrália (Cocos, Cook e Norfolk), Ilhas da Finlândia (Aland), Ilhas da Coroa Britânica (Canal), Ilhas da Colômbia (Geórgia e Sandwich do Sul), Ilhas da França (Wallis e Futuna), Indonésia, Irã, Israel, Itália, Kuwait, Letônia, Líbia, Lituânia, Luxemburgo, Macedônia, Martinica (França), Marrocos, Mayotte (França), México, Moldávia, Mônaco, Mongólia, Montserrat (Grã Bretanha), Namíbia, Nicarágua, Níger, Niue (Nova Zelândia), Noruega, Nova Caledônia (França), Nova Zelândia, Nueva Esparta (Venezuela), Panamá, Paquistão, Paraguai, Peru, Polinésia Francesa (França), Polônia, Porto Rico, Portugal, Reino Unido (Escócia, Inglaterra, Irlanda do Norte e País de Gales), República Centro-Africana, República Checa, República Dominicana, República Eslovaca, Reunião

(França), Romênia, Saara Ocidental, Saint-Pierre e Miquelon (França), San Marino, Santa Helena (Grã Bretanha), São Tomé e Príncipe, Seichelles, Senegal, Sérvia, Suécia, Suíça, Svalbard (Noruega), Tadjiquistão, Terras Austrais e Antártica (Colônia Britânica), Território Britânico no Oceano Índico (Colônia Britânica), Timor Leste, Tunísia, Turcas e Caicos (Colônia Britânica), Turcomenistão, Ucrânia, Uruguai, Uzbequistão, Venezuela e Zimbábue (fonte: www.portalconsular.itamaraty.gov.br). Para maiores informações, consulte o *site* do Ministério das Relações Exteriores.

3.5 Vistos

Visto é uma autorização de entrada em determinado país, concedida mediante algumas condições para somente atravessar o país ou entrar e permanecer nele, mediante um prazo pré-estabelecido. Muitas nações não exigem visto de turista para brasileiros, já em outras o visto é obrigatório na entrada em seu território. Alguns vistos proíbem o trabalho, sendo permitida apenas a finalidade específica solicitada.

Vale ressaltar que ao adentrar em território estrangeiro sem um visto válido ou exercer atividades que o visto não permita (por exemplo, trabalhar com visto de turismo) você estará em desacordo com a lei e será tratado como imigrante ilegal pelas autoridades. Dessa forma, você correrá riscos de ser deportado e se isso acontecer a consequência será a proibição de voltar àquele país para sempre ou por determinado período de tempo.

A finalidade da viagem determinará o tipo de visto que você deve solicitar, entre os tipos mais comuns se destacam:

- visto de turismo, que é solicitado para viagens de lazer e todos os tipos de turismo;
- visto para noivos, que é fornecido normalmente com um pequeno prazo até a realização do casamento;
- visto para estudos, que é usado nos casos de intercâmbio, para cursar faculdades e similares;
- visto para jornalistas, que serve para cobrir um evento específico ou para o representante de alguma emissora estrangeira no país;
- visto de trabalho temporário, que somente será fornecido mediante apresentação de carta do empregador;
- visto de negócios, que é muito comum entre potenciais empresários.

Para retirar o visto se faz necessário agendamento de entrevista na referida embaixada do país que se deseja visitar. Quanto à documentação exigida para a obtenção do visto, o melhor a ser feito é buscar informações nos *sites* de cada uma delas, pois cada nação tem sua própria lista e difere muito uma da outra. Procure se informar, leve todos os documentos exigidos, inclusive os que não são, mas que de alguma forma podem ajudar na entrevista, a exemplo de ingressos de um concerto musical de uma banda de que você é fã, reserva para participar de convenção de instituição de que você seja membro, como o Rotary.

Em determinados países onde o visto é exigido, é possível pagar taxa para a obtenção dele, que deve ser paga no aeroporto ou se for o caso na fronteira terrestre. A importância em dinheiro pode variar de um país para outro e não costuma ser mais de 50 dólares americanos. Por via das dúvidas, tenha sempre moeda americana em espécie para facilitar o processo. Geralmente, os vistos são carimbados ou anexados ao passaporte do destinatário, mas muitas nações podem fornecer um visto impresso, podendo ser uma autorização de permanência, a qual pode necessitar de uma foto. Normalmente as fotos são dos tamanhos 3x4 ou 5x7. Se você for fazer uma viagem que necessite entrar e sair de países por meio de suas fronteiras terrestres, recomenda-se ter sempre essas fotos em mãos.

Alguns países, como Austrália, Canadá, Estados Unidos, Japão, Nova Zelândia e Tailândia, exigem o visto de trânsito. Esse tipo de visto deve ser solicitado ainda nas embaixadas no Brasil. Israel também o exige, mas fornecerá uma espécie de documento carimbado separado do passaporte. É difícil imaginar que uma simples conexão possa gerar tanto esforço, mas é real e pode lhe trazer problemas caso se esqueça de solicitar.

Os viajantes brasileiros quase sempre terão de realizar conexões para alcançar seus destinos internacionais, seja pela grande distância entre os destinos, forçando um abastecimento da aeronave, escalas e muitos outros motivos. Ficar atento é a melhor recomendação, se tiver dúvidas consulte seu agente de viagens.

3.6 Sistema Eletrônico para a Autorização de Viagem (Etias)

O Sistema Europeu de Informação e Autorização de Viagem (Etias) na prática é um sistema eletrônico que autoriza e monitora visitantes de países que não precisam de visto para acessar o Espaço Schengen. Ao todo 26 nações da Europa passarão a exigir a autorização de viagem a partir de 2022: Alemanha, Áustria, Bélgica, Dinamarca, Eslováquia, Eslovênia, Estônia, Espanha, Finlândia, França, Grécia, Hungria, Holanda, Islândia, Itália, Liechtenstein, Letônia, Lituânia, Luxemburgo, Malta, Noruega, Polônia, Portugal, República Checa, Suíça e Suécia.

O programa foi criado para a proteção das fronteiras, buscando reforçar e dar mais segurança aos cidadãos europeus, identificando ameaças e combatendo o terrorismo internacional. Uma vez que esteja em vigor, todos os visitantes oriundos dos 60 países que não precisam de visto para adentrar na Europa terão obrigatoriedade de realizar a autorização. A exceção se aplica aos que desejam estudar ou trabalhar, os quais devem fazer inscrição para o tipo de visto apropriado. Nesse caso, o Etias deverá ter uma validade maior, podendo chegar a três anos, ou se for o caso até o passaporte expirar. Para se inscrever será necessário passaporte, *e-mail* e cartão de crédito. No ato do preenchimento, tenha em mãos os documentos pessoais para fornecimento de informações básicas. A taxa a ser paga é de 7 euros para adultos e crianças são isentas. A confirmação irá no *e-mail* fornecido e a autorização deve ser informada às companhias de viagem na aquisição de passagens.

3.7 Autorização para viagem de menor de idade

Para viajar ao exterior, a legislação brasileira exige que crianças e menores de 18 anos devem estar acompanhados tanto do pai quanto da mãe. Quando viajarem desacompanhados, com apenas um dos pais ou na companhia de outro adulto, devem portar uma Autorização para Viagem de Menores assinada pelos pais ou responsáveis, com firma reconhecida em cartório.

3.8 Cuidados que você deve ter com os documentos

Você está de posse de todos os documentos, *vouchers* e bilhetes de sua viagem? Pois bem, então agora precisa aprender a preservá-los com você. Esses documentos vão exigir uma série de cuidados especiais, sendo o passaporte o mais importante deles, pois é ele que irá identificá-lo no exterior. Recomendo que você nunca deixe o passaporte nos hotéis ou em malas, bolsas, mochilas etc. Esse documento tem de estar sempre à sua vista e todo cuidado é pouco. A melhor e mais segura forma de prevenção é carregá-lo junto ao corpo, seja usando bolsos internos ou uma doleira. Muitos países exigem que o turista esteja sempre com o passaporte.

Outro cuidado essencial é não se esquecer de conferir a validade do passaporte. A grande maioria das nações exigem que ele ainda esteja válido entre três e seis meses, observando um detalhe importante: a contar da data de seu retorno. É muito importante fazer uma cópia da página de identificação do passaporte, dos *vouchers* de hotel, das passagens, de ingressos e tudo que você tenha contratado no exterior. Essa cópia deve ser mantida em lugar seguro dentro da mala.

Para sua maior segurança, escaneie tudo e envie anexado para seu próprio *e-mail*. Dessa forma você estará prevenido com os documentos originais com você, as cópias na mala e arquivos digitais em seu correio eletrônico. Se for permanecer por mais de 90 dias no exterior, leve consigo pelo menos seis fotos 3x4 caso seja necessário tirar um visto ou outros documentos que regulem sua permanência em solo estrangeiro.

3.9 Direitos dos passageiros com deficiência

Com o avanço da legislação vigente, as pessoas com deficiência estão viajando consideravelmente mais que em tempos passados, quando não havia a cobertura de leis regulamentadoras. O que antes parecia um sonho, em alguns casos uma verdadeira odisseia, hoje é uma realidade. As facilidades estão motivando cada vez mais pessoas a realizarem as viagens desejadas.

A lei estabelece que o todo passageiro aéreo com deficiência deve ser atendido na medida de suas necessidades. Nesse sentido, as companhias aéreas estão se desdobrando para oferecer atenção especial e para que as viagens sejam realizadas sem incômodo a esses passageiros.

Na atualidade é direito dos passageiros com deficiência embarcar prioritariamente e viajar com conforto, transporte gratuito de ajuda técnica, acompanhamento, prioridade no recebimento de bagagem e desconto. Sempre que precisar dos serviços, o mais indicado é entrar em contato com as companhias aéreas e especificar todas as suas necessidades. Os passageiros que podem solicitar assistência especial às companhias aéreas são todas as pessoas com deficiência, viajantes com 60 anos ou mais, gestantes, lactantes, passageiros com criança de colo, pessoas com mobilidade reduzida e aqueles que estejam passando por limitações que reduzam sua autonomia.

É necessário comunicar a companhia aérea com antecedência mínima de 48hs da viagem, para que possam ser providenciados equipamentos, medicamentos, oxigênio, muletas, andadores etc. Descontos para acompanhantes de 80% podem ser praticados, sendo necessário um relatório médico especificando qual é a deficiência do passageiro e o preenchimento de formulário específico da empresa aérea que se quer obter o benefício. Os formulários são o da Medical Information Form (Medif) ou o cartão Frequent Traveller Medical Card (Fremec). O Medif precisa ser preenchido toda vez que for realizar uma viagem, ele atesta que o passageiro está apto a fazer uma viagem de avião. Já o Fremec facilita as viagens de passageiros frequentes nessas condições e tem validade de um ano. A forma de solicitar os formulários às empresas é pelo *site* e por seus canais de atendimento. Passageiros com deficiência auditiva ou visual podem viajar na companhia de seu cão adestrado sem nenhum custo extra.

Fonte: https://diariodainclusaosocial.com/2017/11/07/a-importancia-da-acessibilidade-para-a-inclusao-de-pessoas-com-deficiencia/. Acesso em: 29 dez. 2021

Capítulo 4

A mala de viagem

Júnior Santana – Aeroporto Santa Genoveva, Goiânia, Brasil – 2018

  Quando faltarem 60 dias para o embarque, é chegada a hora de verificar o real estado em que se encontra sua mala de viagem. Nada impede que você faça isso com uma antecedência maior. Neste primeiro instante verifique se a mala precisa de uma boa limpeza, observe se as rodinhas não estão danificadas ou emperradas, se as alças não estão estragadas e se o zíper não está com defeitos. É muito importante colocar identificadores de bagagem personalizados (*tags* de mala) tanto no lado externo quanto no interno. Ambos facilitam a devolução em casos de extravios. Observe se todos os compartimentos internos e externos estão perfeitos.

Caso sua mala seja antiga, verifique também se ela está dentro das novas medidas exigidas pela aviação. Na atualidade, as bagagens de mão podem ter no máximo 55 x 35 x 25 cm e o limite de peso é 10 kg. Além da mala com essas especificações, outros itens são considerados bagagem de mão e são permitidos, são aceitos uma bolsa de mão para mulheres, pasta executiva para homens ou mochila para ambos. Para o frio são aceitos sobretudos, chales, ponchos e similares. Para apoio são aceitos guarda-chuva ou bengala. Também é aceito um bebê-conforto para transporte de crianças desde que se pague pela poltrona que for utilizar.

Já a bagagem despachada deve ter no máximo 80 x 50 x 28 cm (não pode ultrapassar 158 cm lineares, que é a soma de comprimento, largura e altura) e pesar 23 kg. A mala despachada é aquela entregue no momento do *check-in* e vai no bagageiro do avião.

Essas regras podem mudar a qualquer instante, sendo sempre bem específicas. O melhor a ser feito é a verificação antes de toda e qualquer viagem. Se sua mala se enquadra em algum dos possíveis impedimentos, aproveite o prazo e compre outra o mais rápido possível. Para planejar uma viagem internacional, você precisará de muito tempo e de uma dedicada atenção aos detalhes. Esse planejamento é feito por etapas, não há como resolver tudo de uma só vez.

O primeiro passo após decidir realizar uma viagem é preparar as malas. Não tem sentido você pensar na jornada se não estiver com as bagagens preparadas. Nessa hora é necessário pensar em você e nos demais participantes da empreitada. Ajude os outros membros para que o grupo não sofra atrasos.

Ter uma mala de qualidade é tão importante quanto qualquer outra etapa da viagem. Não é tarefa fácil escolher uma mala, a responsabilidade é enorme, ela dever ter muitos mais atrativos além do *design*. A qualidade deve ser sua principal característica, depende de sua escolha ter comodidade ou problemas durante o percurso. Com certeza você passará por situações de deslocamentos em aeroportos, alguns oferecem o tradicional carrinho de bagagem, outros não. Muitos traslados requerem a movimentação das bagagens e se forem pesadas poderão causar dificuldades no manejo. Nesse momento você dependerá exclusivamente da qualidade investida na aquisição do produto. Uma boa mala é sinônimo de conforto e de segurança. O ideal é associar tudo isso com durabilidade.

Mas então quais modelos comprar? Resposta difícil, pois existem milhares de marcas, modelos e tipos de malas e valores conflitantes. Com base na experiência particular de milhares de quilômetros percorridos em várias viagens e lendo matérias de especialistas no assunto, acredito que uma boa mala precisa de critérios fundamentais para ser considerada uma boa mala de viagem. Uma vez que a mala se enquadre nos quesitos de tamanho e peso exigidos pelas companhias aéreas, ela precisa ser resistente para ter durabilidade maior; ter pelo menos quatro rodinhas giratórias e ser de fácil manuseio; ter diferenciação de cores das habituais malas e cadeado TSA®; ter extensor e divisões internas com reforço nos cantos e nas alças, além de um bom espaço interior. A seguir estão listados esclarecimentos sobre esses itens e o que existe de melhor no mercado de malas.

Mala de viagem 360° – O modelo com quatro rodinhas a cada dia se populariza mais nos saguões dos aeroportos de todo o mundo. Não é diferente no ambiente de rodoviárias e de estações de trem, está cada vez mais comum o uso de malas com rodinhas que giram 360°. O motivo é simples, elas são bem mais confortáveis do que as tradicionais malas sem ou com apenas duas rodinhas. Outro ponto muito levado em conta é a segurança para quem precisa correr entre um portão e outro de algum terminal de aeroporto, só quem já passou por isso sabe o quando elas ajudam.

Cadeado TSA® – Transport Security Administration é uma organização que tem como objetivo fortalecer a segurança nos aeroportos dos Estados Unidos e de seus aliados, criada após os ataques terroristas de 11 de setembro de 2001. Qualquer bagagem suspeita poderá ser aberta e se ela possuir cadeados tradicionais ele será arrombado e você ficará no prejuízo. A vantagem de já adquirir um cadeado TSA é que eles podem ser abertos com uma chave mestra e depois fechados sem qualquer dano. Dessa forma você não precisa se preocupar com o reaproveitamento do cadeado. Caso sua mala seja aberta pelas autoridades aeroportuárias, você não precisa se preocupar com seus pertences, nada será subtraído e terá um bilhete dentro da mala comunicando que foi necessário abri-la.

Malas rígidas – Ao pensar em durabilidade e resistência, essa é a mala certa. Esse tipo de bagagem resiste melhor ao impacto das operações de cargas e descargas, pois muitas vezes as malas são atiradas de qualquer jeito de um lado para o outro. Soma-se positivamente a alta resistência ao atrito das esteiras dos aeroportos e ao que mais possa acontecer nos bagageiros dos aviões. As malas rígidas normalmente são confeccionadas em ABS, polipropileno ou policarbonato, todos de boa qualidade. Quem escolhe essa opção deseja investir no quesito durabilidade. São fáceis de limpar e de manusear, são impermeáveis e leves, possuindo uma diversidade de modelos muito grande. Quanto mais leve for a mala, menos energia você vai dispender para carregá-la. Malas leves evitam de você machucar as mãos, ombros e costas tornando a viagem muito mais agradável. Além do óbvio, que mais coisas você poderá colocar dentro dela.

<u>Malas expansíveis</u> – Inicialmente projetadas para acomodar roupas sujas de uma viagem, muitos preferem usar como um compartimento extra. Fazem muito sucesso entre os turistas que aproveitam todos os espaços. Esse tipo de mala, na prática, permite um significativo ganho de volume em seu interior, podendo ou não ser usado, ficando à disposição para transportar mais itens adicionais caso seja necessário. Malas com bolso externo são muito úteis para colocar mapas e roteiros.

<u>Zíper duplo antifurto</u> – Esta novidade chegou para dificultar o "golpe da cesárea". Tradicionalmente aplicado em aeroportos, nesse golpe uma pessoa abre a mala alheia usando apenas uma caneta e subtrai mercadorias e itens pessoais de dentro. Esse tipo de mala baseia-se em um sistema de fechamento mais seguro e resistente que as antigas, pois usa um sistema de zíper duplo. Estatísticas apontam significativa redução no número de arrombamentos de malas com essa tecnologia, transmitindo segurança e confiabilidade.

<u>Malas coloridas</u> – As malas para viagem estão ganhando novas cores e a cada dia estão mais ousadas. Às vezes com uma única cor, outras vezes estampadas, apostando em uma nova tendência *fashion*. Sem dúvida as cores diferenciadas ditam uma nova moda pelos saguões dos aeroportos mundo afora. Essa nova onda possui outro aspecto de extrema importância: as cores, brilhos e os detalhes ajudam a identificar a mala na esteira do aeroporto. O fato de usar uma mala diferente ajuda a evitar muitos problemas, entre eles os extravios e possíveis eventuais enganos. Eu tenho uma mala nessas condições e confesso que de longe consigo avistá-la no meio das outras, diminuindo aquela tradicional tensão na esteira de malas. Algumas são bregas e extravagantes, mas são superúteis, acredite.

Pois bem, essas são as características que uma boa mala de viagem deve possuir. O mercado é muito grande e estamos muito bem servidos, com dezenas de marcas diferentes. Resolvi listar as mais tradicionais e reconhecidas marcas. Mas se existem tantas, como escolher marcas e modelos? As marcas mais recomendadas nos *sites* de viagens são: Delsey, Deuter, Le Postiche, Primicia, Polo King, Quechua, Rimowa, Samsonite, Sestini, Shield e Swiss.

Não existe a mala perfeita, são diferentes umas das outras em muitos aspectos, faça uma boa pesquisa, portanto observe o que uma tem de melhor que a outra e escolha a sua. Lembre-se de que não faz sentido realizar a viagem dos sonhos gastando uma fortuna com um produto ruim. Malas de viagem fazem parte do investimento, necessitam ter um padrão mínimo de qualidade para que em nenhum momento você fique na mão.

4.1 O que levar na mala?

Definir o enxoval da viagem não é uma tarefa tão simples como parece. Partindo do princípio de que cada viagem tem duração e climas diferentes umas das outras, o que levar de roupas na mala irá variar muito. As grandes diferenças serão embasadas na quantidade de dias, no clima e na época do ano escolhida. Exemplificando: se você for realizar uma viagem de até 10 dias, precisará de menos roupas e menos bagagem. Mas se sua viagem for de 15 dias ou mais, com certeza você precisará fazer combinações de peças de roupas e terá que dar preferência para roupas que combinem com literalmente tudo.

Dê preferência para as cores neutras. Você escolherá, por exemplo, uma camisa que combine tanto com uma calça quanto com uma bermuda, ou uma blusa que combine tanto com saia quanto com calça. Nessa hora o segredo é abusar das combinações e de modo inteligente mesclar as roupas. Mas não se iluda, em viagens maiores, é quase certo que você precisará lavar algumas peças. Parece complicado estar em uma viagem e ter de sair procurando um profissional para esta tarefa, mas não é. O hotel pode lhe oferecer esse serviço ou até lhe indicar uma boa lavanderia nas imediações. Dar preferência para peças leves, de secagem rápida, que possam ser lavadas até mesmo nas pias de banheiro dos quartos é uma alternativa muito útil. Não existe uma lista perfeita, cada pessoa difere uma da outra, em gostos e estilos.

Não é fácil indicar o que se deve e o que não se deve levar em uma mala. Eu sempre viajo em pequenos grupos, normalmente eu e minha filha, e o que é prioridade para ela é totalmente dispensável para mim e vice-versa. Algumas pessoas sentem mais frio que outras, por outro lado uns preferem vestir trajes esporte, social, formal e para alguns tanto faz. Uma vez que é impossível agradar a todos, deixo aqui uma pequena lista do que considero o básico e útil para se levar em viagens acima de 10 dias. Cá entre nós, viagens com duração inferior a 10 dias deixam uma enorme impressão de que foram mal programadas, feitas às pressas, acabam muito rápido e fica um gostinho de quero mais. Comigo é assim, nunca fiz passeios com menos de 15 dias, entendo que as passagens aéreas são caras e que devemos aproveitar o máximo de tempo possível entre o dia da partida e o do regresso. Ainda sobre a lista do que levar na mala, o melhor é ver o que lhe convém e adequar segundo seus próprios gostos. Absorva o que for conveniente e descarte o que não for. Monte uma mala em seu estilo, tomando a precaução de não esquecer itens essenciais. A seguir está o *checklist* que uso em minhas viagens:

Checklist principal

Documentos	Eletrônicos	Acessórios
Passaporte	Notebook	Carregador portátil
Identidade	Tablet	Adaptador de tomada
Vistos	Celular	Filtro de linha
Passagens aéreas e *vouchers*	Filmadora	*Pen drive*
Hotel *voucher*	Máquina fotográfica	Canivete suíço
PID		Óculos de sol
CNH		Óculos de grau
Seguro-viagem		Lentes de contato
Certificado de vacinação		Pau de selfie
Cartões de crédito		Pilhas extras
Roteiro		Talheres descartáveis
Ingressos (*voucher*)		Fita crepe
Mapas		Balança portátil
Bloco de notas		Doleira
Lista de compras		Cadeado de segredo
Dinheiro		Tag de mala interna e externa
Xérox dos documentos		Almofada de pescoço
		Kit de medicamentos
		Cabos diversos

Checklist masculino

Roupas	*Nécessaire*
Blazer	Desodorante
Blusa de frio	Cortador de unha
Camisa social	Pasta de dente
Camiseta	Escova de dente
Camisa polo	Fio dental
Calça jeans	Xampu
Calça *l*	Loção pós-barba
Cinto	Aparelho depilador
Bermuda	Cotonete
Pijama	Curativo adesivo
Boné	Pente
Sapato	Lenço de papel
Tênis	Perfume
Chinelo	Protetor solar
Sunga	Pomada para dor
Cueca	
Cachecol / luva / gorro	
Meias	
Meias de média compressão	

Checklist feminino

Roupas	Nécessaire
Calça social	Desodorante
Calça esporte	Protetor solar
Calça jeans	Pasta de dente
Calça *underwear*	Escova de dente
Tênis	Fio dental

Chinelo	Xampu
Sapato	Condicionador
Cinto	Creme
Sandália	Pente
Bolsa de dia	Escova
Bolsa de noite	Chapinha
Camiseta	Lenço de papel
Bermuda	Perfume
Chapéu	Hidratante
Biquíni	Absorvente
Canga	Cotonete
Lingerie	Curativo adesivo
Pijama	Lenços
Terninho	Batom
Cachecol / luvas / gorro	Brincos
Blusa de frio	Colares
Meias	Aparelho depilador
Meias de média compressão	Cortador de unha
Acessórios diversos	

  Nécessaire de produtos pessoais – Vale ressaltar que existem centenas de modelos diferentes e que a escolha é uma questão muito pessoal. Para os práticos como eu, basta ter pelo menos um compartimento maior, sendo os outros de tamanhos e formas variadas, gancho de pendurar nas portas, um espelho pequeno, e um sistema prático de abrir e fechar. O que levar na nécessaire? Gosto de pensar que ela é uma espécie de kit de sobrevivência. Independentemente do nome é muito útil ter sempre à disposição coisas que usamos no dia a dia. Não existe uma lista infalível, elas são muito pessoais e variam de pessoa para pessoa. A regra básica é: **não leve o que você não usa.** Vale lembrar que a maioria dos hotéis fornece xampu, condicionador, sabonetes, creme de mão, creme de barbear e remédios diversos. Produtos que podem ser usados em outras funções são muito bem-vindos nessa hora. Seu xampu, por exemplo, poderá ser usado para lavar as mãos na falta de um sabonete e até como sabão líquido para lavar uma peça de roupa pequena. As medicações de tarja vermelha ou preta necessitam estar acompanhadas de suas respectivas receitas médicas, elas podem ser requisitadas durante as inspeções da alfândega e na compra desses medicamentos nas farmácias do exterior. Seu **kit de medicamentos** deve conter o básico para pequenas emergências, muitas delas corriqueiras em nossos organismos e outras advindas, por exemplo, de uma abrupta mudança alimentar, o que é facilmente justificado pela realização das refeições no exterior. Leve sempre consigo em quantidade relativa para os dias de viagem: antidiarreico, analgésico, antibiótico, antifúngico, antiviral para gripe, anti-inflamatório, remédio contra enjoo, colírio, antisséptico para desinfecção de machucados e uma vitamina C efervescente. Novamente esta é uma relação pessoal que deve ser substituída pelos medicamentos de sua preferência.

Nécessaire de produtos eletrônicos – O uso de outra nécessaire para produtos eletrônicos se faz necessário, e a regra básica é **leve somente produtos multiúso.** Sugiro levar cabos USB diversos, *pen drive*, cartão de memória, adaptadores de tomada universal, carregadores de celular e de notebook, pilhas extras, carregador portátil, balança digital, filtro de linha, filmadora portátil, máquina fotográfica, caneta e bloquinho de anotação, fita crepe e canivete suíço.

Rastreadores de bagagens – Não existe coisa pior que você chegar de uma viagem e perceber que sua mala não veio no mesmo voo que você. O transtorno começa nesse momento. A correria começa com uma verificação de suposta ocorrência de trocas de malas, mas se a esteira está vazia isso confirma que o problema não é de troca de mala, e sim de extravio de bagagem. O que era transtorno passa a desespero, e não é para menos. Imagine todas as suas roupas, pertences pessoais, dinheiro, *souvenirs* e tudo mais ali guardado simplesmente desaparecerem. É muito desagradável essa situação. Ao reclamar o sumiço tem-se início uma eterna angústia que por fim dará lugar a uma revolta com a confirmação do sumiço. Além dos tradicionais cuidados na identificação da mala e de seguir todos os procedimentos de segurança, o viajante conta hoje com novas tecnologias que lhe permitem a localização das bagagens. O surgimento de aplicativos e aparelhos localizadores tem ajudado muito a diminuir esse tipo de problema. Alguns dos mais usados são Trakdot e o LugLoc, ambos podem ser encontrados nas principais lojas de vendas *online*. Já a empresa Trackage tem *site* próprio (www.trackage.com.br). Todos fornecem a localização da bagagem, alertas em tempo real e monitoramentos via aplicativo. São pequenos e portáteis, ferramentas muito úteis em uma viagem internacional.

4.2 Arrumando a mala

A maior dificuldade relatada por conhecidos meus que vez ou outra viajam, e até mesmo pelos que viajam com certa frequência, é sem dúvida arrumar as malas. O medo e a insegurança são facilmente compreensíveis, seja pelo temor de exceder o peso ou de estar portando produtos proibidos. Muitos pecam pelo excesso e outros pela falta, deixam de colocar produtos úteis em detrimento de coisas de pouquíssima possibilidade de uso. Além do mais, qualquer coisa que não seja extremamente necessária à viagem não deve ser levada em sua mala. Coisas fúteis ocuparão espaços fundamentais que poderiam ser usados, a exemplo, para trazer um lindo *souvenir* de recordação.

Fazer um *checklist* pode ajudar, mas cada caso é diferente do outro, o que é importante para uma pessoa, pode não ser para outra. Existem viajantes desapegados que apenas colocam o que acham que vão precisar durante a viagem em cima da cama, dão uma boa olhada e simplesmente cortam pela metade, surgindo uma mala de viagens pronta. Respeito, mas não concordo, além das chances de faltar algo essencial serem grandes, acredito que existem métodos muito mais eficazes. O grande desafio é manter a bagagem o mais leve possível, usando malas que lhe propiciem uma melhor locomoção dentro e fora dos aeroportos.

Comece a colocar tudo na mala com antecedência mínima de três dias, sugiro uma semana. Se possível, todos os dias vistorie a mala, dessa forma você irá lembrar de tudo que é essencial ou pelo menos irá esquecer menos coisas. Para ajudar nessa tarefa, faça uma lista de tudo que julgue importante. Defina suas prioridades e ao final passe a lista em uma última "peneirada". Com certeza você encontrará algo que não precisa ir à viagem.

São muitas pequenas dicas que vão ajudá-lo a arrumar a mala, tanto na ida quanto na volta. A regra é simples: aproveitar bem todos os espaços, todos mesmo, até os cantinhos e os espaços dentro de outros objetos. Um par de sapatos oferece espaços preciosos, você pode aproveitar para colocar pequenas coisas dentro dele, como objetos frágeis envoltos em meias ou, se preferir, acolchoados em jornal. É um excelente e seguro local que na volta será muito útil para abrigar pequenos *souvenirs*, os mais comuns são chaveiros, ímãs de geladeira, abridores de garrafas, bijuterias entre outros tantos.

Sua roupa suja também será muito útil, quando for trazer algo relativamente frágil, um prato de cerâmica, um vidro de perfume ou um cristal, use calças jeans para acolchoar a embalagem, coloque dentro de sacolas plásticas e amarre tudo. Camisas, casacos, e tudo que for roupa serve para embalar suas compras, até mesmo as que não são consideradas frágeis, mas que estarão na mala juntas. Isso diminui o atrito e o risco de estragos indesejados.

Reembalar seus pertences vai exigir que você leve sempre consigo uma fita adesiva. Eu uso fita crepe, que é barata, resistente e de fácil manuseio. Nas caixas de embalagens dos produtos sempre cabem mais coisas, você pode aproveitar uma embalagem para colocar muitos outros objetos, ganhando um espaço considerável. Lembre-se de colocar os mais pesados sempre na parte inferior, já os considerados sensíveis e frágeis no meio da mala. Deixe os pequenos objetos por último, conforme a arrumação for acontecendo sobrarão pequenos espaços ideais para cada um deles.

Eu uso nas minhas viagens embalagens cilíndricas, uma adquirida na compra de uma calça *underwear* e outra de um perfume. São de papelão, leves, resistentes com tampa de metal encaixável, de fácil manuseio e de uma praticidade enorme. Pequenos mimos são facilmente acondicionados com o auxílio de meias e, na falta delas, embalo com jornal e lacro com a fita crepe, deixando tudo inerte dentro do cilindro.

Uma regra simples que ajuda muito é adequar a mala ao destino da viagem, dessa forma você poderá dispensar muita coisa a ser colocada nela. Se mesmo assim ainda ficar em dúvida, verifique a previsão do tempo. Dê preferência a peças neutras e que não amassam e use cores escuras para mascarar pequenas manchas e sujeiras. O custo-benefício de levar peças leves será recompensado na volta com mais espaço para trazer compras e lembranças de viagens. Praticidade é algo que deve ser levado a sério, aconselho não usar sapatos novos em viagens, eles podem ser bastantes desconfortáveis, causando dores inconvenientes para a situação. Meu conselho para as mulheres é não esquecer a chapinha, ela pode fazer toda a diferença.

Algumas malas possuem espaços entre os ferros no fundo. Você pode ir preenchendo esses espaços até alcançar um nivelamento. Neste caso use roupas, formando uma espécie de amortecedor de possíveis impactos e ocupando mais um espaço que normalmente ficaria ocioso. Nunca leve roupas para mais de 15 dias, se ficar mais dias e for necessário, use lavanderias.

Outra opção é o descarte de algumas peças de roupas íntimas mais velhas, levadas propositadamente para esse fim. Isso mesmo, vá usando as peças que pretende descartar e no final da viagem deixe tudo no lixo do banheiro do hotel. Descartar desodorantes, pastas de dente e outros cosméticos que estejam quase acabando pode ajudar a aumentar o espaço livre também. Mas se o item estiver em bom estado, deixe à vista com um bilhete de doação para a camareira.

Certa vez comprei um relógio na minha cidade, solicitando ao vendedor que fosse bom e barato, propositadamente. Poucos dias depois embarquei para a Nova Zelândia. Em meio aos passeios encontrei um relógio novo da marca Rip Curl que era do meu agrado na cidade de Wellington. O relógio barato me serviu plenamente e na hora de montar a mala para a volta o relógio novo veio no braço e o velho foi deixado em cima do móvel do quarto de hotel com um gentil bilhete para a camareira escrito "For you".

4.3 O que é proibido levar na mala?

Muitas regras de segurança estão sendo incorporadas aos aeroportos, seja pelo crescente número de passageiros, pela modernização dos ambientes ou por medo da ameaça terrorista. O fato é que existem restrições muito rígidas nos aeroportos sobre o que pode e o que não pode ser levado no voo. A bagagem de mão é a mais afetada. Tudo que estiver nela deve ser acondicionado em sacos plásticos com fecho hermético (*zip lock*) para fácil visualização durante a passagem pelo aparelho de raios X e sendo necessário fazer uma vistoria rápida.

Para não ter problemas no embarque, anote tudo ou você terá que deixar algum item para trás ou fazer um despacho extra que lhe custará muito caro, sendo uma despesa considerada desnecessária. Na bagagem de mão a maioria esmagadora dos objetos cortantes metálicos são proibidos, mesmo sendo aparentemente inofensivos, a exemplo de cortadores de unha, pinças e similares. Muitas companhias não aceitam a entrada de nenhum tipo de comida ou sementes, garrafas contendo bebidas, equipamentos esportivos e de *camping* na bagagem de mão, sendo obrigatório descartar ou acondicionar como bagagem despachada. Nenhum tipo de líquido ou desodorantes podem ter frascos maiores de 100 ml. Não adianta estar com um frasco de 150 ml de determinada fragrância pela metade e argumentar que é de uso pessoal e que a quantidade não atinge os 100 ml, você ficará sem o frasco. Na dúvida entre no *site* da companhia aérea e verifique o que, qual quantidade e quais tamanhos podem ser levados. Essa lista inclui materiais explosivos e produtos inflamáveis, assim como os ácidos e tóxicos. Pranchas de surfe ou *snowboard* podem ser despachadas como bagagem especial. É permitido levar tudo o que não estiver na lista do que é proibido, e um bom conselho a ser seguido é usar o bom senso sempre.

4.4 Aluguel de mala de viagem

A primeira pergunta que vem à cabeça de quem escuta esse assunto pela primeira vez é se isso existe mesmo. A resposta é "Sim, existe". A segunda pergunta é se vale a pena alugar uma mala. Existem várias interpretações possíveis e tudo depende de seu estilo de viagem, da frequência com que necessita viajar e até do espaço físico livre em casa para guardar a mala. Caso você não tenha onde guardar a mala, o melhor é alugar uma. Se você viaja pouco, só de vez em quando, também compensa alugar uma mala. Mas caso você precise, goste e viaje com certa frequência, a resposta é negativa. Nesse caso com certeza o aluguel irá superar o preço da compra de uma mala nova.

Muitos outros fatores podem entrar na análise em questão, e a resposta sempre será de cunho pessoal. Se você optar pela locação da mala, terá à disposição nos *sites* uma grande opção de escolha. Poderá escolher entre as rígidas ou não, entre as pequenas e as grandes, a cor que desejar etc. As empresas entregam a mala em sua residência e a buscam após a viagem, mediante pagamento de frete a combinar. Todos os *sites* possuem excelentes simuladores de preços.

Para os moderninhos, alugar malas é uma opção inteligente; para os conservadores, é algo surreal até de imaginar. Confesso que nunca usei o serviço e fico dividido sobre o assunto. Os empreendedores que apostaram nesse novo ramo asseguram que é viável. Esse novo conceito de negócio é mais uma opção no mundo das viagens, uma ideia moderna que incentiva o consumo consciente por meio do compartilhamento de bens duráveis, como é a mala de viagem. Algumas das empresas que oferecem esse tipo de serviço são: Locmala (http://locmala.com.br), Rent a bag (https://rentabag.com.br) e Get malas (https://getmalas.com.br).

4.5 *Tickets* de bagagem

Tickets de bagagem são comprovantes de despacho fornecidos pela companhia aérea, um para cada mala despachada, sempre no nome de quem está a passagem. Essa informação parece óbvia, mas não é. Se você despachar uma mala no nome de um amigo ou parente e ela se extraviar, será essa pessoa que terá de fazer a reclamação e acompanhar todo o processo. Normalmente é um pequeno comprovante que é colado em seu cartão de embarque. Se sua mala chegar ao destino final sem nenhuma anomalia ou problema, perfeita, seu *ticket* não servirá para mais nada, você pode descartá-lo. Mas se a mala sofrer danos ou extraviar, você precisará desse comprovante, pois sem ele você terá dificuldades para abrir a reclamação e com certeza muitos aborrecimentos.

4.6 Mala danificada ou extraviada

Em qualquer uma das situações, caso aconteça o sinistro, deve-se acionar imediatamente o seguro de viagens. É muito importante você guardar o número do protocolo da operadora de seguros. Após ter feito o registro do dano ou do extravio da mala, de posse do protocolo ligue para sua agência de viagens, caso tenha contratado uma, ela vai auxiliá-lo com a seguradora na busca e até a posterior entrega de sua bagagem, entre outras situações.

Se o problema for a mala ter sido avariada, violada ou danificada durante o voo, dirija-se ainda na sala de desembarque ao balcão da companhia aérea e faça o protesto por avaria com a empresa. O procedimento padrão é feito através do Registro de Irregularidade de Bagagem (RIB). Você precisará da etiqueta da mala, que normalmente os atendentes colam na parte de trás das passagens aéreas. Os dados contidos nela são necessários para o preenchimento do relatório. A última parte é você listar o conteúdo, e se estiver tudo certo, assine e pegue sua cópia. A empresa aérea terá duas opções: a reparação ou a substituição da bagagem danificada. Guarde as notas fiscais das compras que fizer no exterior com os demais documentos na bagagem de mão, são provas incontestáveis de seus pertences que estavam na mala.

Independentemente do caso, a companhia aérea tem sete dias para reparar as avarias ou substituir as bagagens danificadas. Se após esse prazo a empresa não reparar nem substituir a mala, você deve registrar uma queixa na Agência Nacional de Aviação Civil (Anac), que não lhe garante a resolução do problema, mas é um ato administrativo que deve ser feito. Se nem na ANAC sua demanda for resolvida, procure um advogado e entre na Justiça. Podem acontecer também transtornos diferenciados que os tribunais entendem como além do comum e são cabíveis de indenizações por danos morais. Por precaução, tire fotos da mala avariada, podem ser de grande valia em uma futura ação judicial.

4.7 Sem lenço nem documento, a mala não chegou!

Uma vez que a companhia aérea confirme que sua mala não chegou ao aeroporto com seu voo, independentemente do motivo, além do registro da mala extraviada, você deve solicitar imediatamente uma ajuda de custos para que suas necessidades de primeira ordem sejam supridas. Informe tudo de que você precisa e que esteja impossibilitado devido ao sinistro da mala. Enumere para a companhia todas as situações que você estará impedido de realizar e os dissabores advindos da situação.

As regras variam muito entre as empresas, mas na maioria dos casos se a demora ultrapassar 24 horas a companhia aérea realizará o ressarcimento também dessa ajuda de custo. Nesse caso, os valores não obedecem a uma tabela e vão variar de uma companhia para outra, dependendo também da classe de sua passagem. Os valores para cobrir despesas de higiene pessoal e de algumas poucas peças de vestuário devem ser ressarcidos sem pormenores.

Mas e se você precisar de um terno ou um vestido para uma reunião de negócios ou para um casamento? Novamente, valerá o bom senso, se for necessário alugue ou compre a vestimenta adequada, mas exija a nota fiscal para pedir o reembolso com as outras despesas. Há ainda de se lembrar de outro conceito: a razoabilidade. Não queira comprar um terno Pierre Cardin ou um vestido Louis Vuitton e solicitar que paguem para você, pois vai ser obviamente negado. A situação persistindo e a mala não sendo encontrada, o valor máximo de indenização por extravio ou dano é de 20 dólares por quilo de bagagem, já definidos na Conversão de Varsóvia. Guarde todos os documentos e quando retornar ao Brasil consulte um advogado especializado.

Fonte: http://bagagemextraviadaoquefazer.blogspot.com/2015/08/cade-minha-mala.html. Acesso em: 29 dez. 2021

Capítulo 5

Roteiro de viagem passo a passo

5.1 Planejamento é tudo

Fonte: https://www.vounajanela.com/dicas-de-viagem/planejamento/guia-completo-de-planejamento-de-viagens/. Acesso em: 29 dez. 2021

Viajar para a maioria das pessoas é o ato de ir do lugar onde se vive para outro país ou para regiões turísticas dentro do mesmo território nacional. A locomoção é motivada por razões diferentes, que podem ser profissionais, acadêmicas, esportivas, religiosas, sendo o turismo o grande propulsor que faz as pessoas trocarem seu *habitat* momentaneamente. Ao longo da história da humanidade foram relatadas diversas viagens e acontecimentos programados que foram bem-sucedidos. Muitos viajantes narraram suas aventuras e como prepararam e executaram seus feitos. Uns deram a volta ao mundo, alguns visitaram vários países na mesma viagem, outros percorreram distâncias grandes apenas para assistirem a jogos de seus times. Um número considerável viajou para ver neve pela primeira vez, outro tanto foi às compras nos EUA, e por aí vai, há um sem-fim de motivos para viajar.

Contamos também com os feitos de viajantes famosos, como Marco Polo, que descreveu detalhadamente suas experiências de viagem à China, realizadas ainda no século XIII. Outro exemplo é o de Thomas Cook, considerado o precursor do turismo moderno, que, em 1841, organizou uma viagem para 570 pessoas, um passeio da cidade de Leicester para Loughborough, no Reino Unido, sendo a primeira viagem em larga escala. Estes são exemplos de planejamentos exitosos, mas a história também é repleta de outros que não deram certo.

Um mal planejamento famoso foi a marcha de Napoleão Bonaparte para a Rússia. Por terem contado com uma vitória rápida e não levarem roupas para o inverno, com o revés militar e o frio excessivo, o poderoso exército foi derrotado pelo simples fato de não terem roupas adequadas. Relatos de problemas acontecidos em viagens existem aos montes. Vão desde pequenos problemas de malas com excesso de peso, vistos vencidos, passaportes com data de validade menores de seis meses, bagagem com medidas fora dos padrões a outros mais graves, por exemplo, o hotel não possuir elevador e os viajantes serem idosos, defeitos dos mais variados tipos nas unidades habitacionais, camas com defeitos, pias com vazamentos, café da manhã diferente do anunciado, perda de tempo com atrações turísticas decepcionantes etc.

Tudo isso e muitos outros problemas existentes estarão sujeitos a acontecer, a chance de você se deparar com um problema de viagem é grande, não há como fugir totalmente disso, mas é possível reduzir para um número aceitável. A diferença básica é que as viagens que deram certo foram mais bem planejadas, pensadas conscientemente, e as fracassadas foram levianamente colocadas em execução.

5.2 De quanto disponho para gastar na viagem?

Se dinheiro não for problema em sua viagem e, consequentemente, você pode escolher aonde ir e quando ir, desconsidere esta parte e siga adiante com o planejamento. Mas caso você tenha um orçamento apertado e precise economizar para otimizar sua viagem, saber o quanto poderá gastar é fundamental. Essa é a primeira pergunta a que você deve responder antes mesmo de pensar em qualquer destino. Sem saber o valor que você tem disponível em caixa e o tamanho do poder de endividamento, é impossível escolher este ou aquele destino.

Nem sempre estaremos prontos para realizar todas as viagens que sonhamos ou poderemos incluir todos os destinos na mesma viagem. Muitas vezes teremos de preterir uma atração turística por outra, pelo fato de não termos condições de ir em ambas. Isso tudo é muito comum de acontecer e é uma questão de planejamento. Antes de começar a pensar em roteiros e destinos, você precisa saber exatamente a quantidade de recursos financeiros que cada integrante tem disponível para essa empreitada. Essa mensuração se faz necessária porque, por exemplo, não adianta você querer ir para Paris se o dinheiro só dá para ir até o Chile. Uma vez que os cálculos permitam uma viagem para o Chile, a pergunta agora seria quando e em que época ir, se na alta temporada para conhecer a neve ou na baixa temporada quando os preços são menores, mas não existe neve. Claro que o Chile não é só neve, possui ótimas atrações e cidades lindas e uma viagem na baixa temporada também seria maravilhosa.

As facilidades para a realização de uma viagem hoje em dia são muitas. Existem opções de parcelamento das passagens aéreas e dos hotéis no cartão de crédito em pelo menos 10 vezes e, dependendo da bandeira, em até 18 vezes. Os ingressos de excursões podem ser comprados da mesma forma, ou se preferir podem ser pagos presencialmente em dinheiro com descontos e conforme a quantidade de pessoas pode acontecer de ganhar cortesias e bônus. Essas observações evidenciam que, para uma viagem ser bem programada, as dúvidas precisam ser respondidas, você terá de discutir e resolver esse tema com todos antes de qualquer coisa. Na prática, você precisa saber o quanto poderá gastar.

5.3 Definindo o destino

Esta talvez seja a parte da viagem em que você encontrará mais dificuldades. A extensa variedade de destinos, a diferença enorme de valores entre um destino e outro, a distância a ser percorrida, a época do ano, o clima, entre outras coisas farão você pensar e repensar cada destino. Mas convenhamos, isso é ótimo. Montar roteiros é uma viagem antecipada, é uma viagem sem sair do lugar. Você poderá pesquisar vários destinos ao mesmo tempo, isolados de maneira alternativa, sendo passível de escolha apenas esse ou aquele, ou também poderá fazer a escolha de destinos múltiplos sequenciais.

A Europa tem 50 países relativamente pequenos, você pode visitar vários deles percorrendo pequenas distâncias, apenas ultrapassando as fronteiras entre eles. Comece a montar seu roteiro e verá o quanto é prazeroso esse ofício. Antes de começar a confeccionar os roteiros, seria prudente começar olhando a relação dos países onde os brasileiros precisam de visto e onde não precisam, assim como os que exigem apenas RG, dispensando o uso de passaporte para brasileiros.

Países que aceitam **apenas o RG para brasileiros** — Atualmente, devido aos tratados do Mercosul, nove países permitem a entrada de brasileiros usando apenas o documento de identidade, são eles: Argentina, Bolívia, Chile, Colômbia, Equador, Paraguai, Peru, Uruguai e Venezuela. As autoridades desses países podem exigir o passaporte caso o documento de identificação seja muito antigo e não mais cumpra seu objetivo de identificar a pessoa.

Países que **não exigem** visto para brasileiros — Até o momento da publicação deste livro, brasileiros que desejam realizar uma viagem internacional podem optar entre estes países: África do Sul, Albânia, Alemanha, Andorra, Antígua e Barbuda, Argentina, Aruba, Áustria, Bahamas, Barbados, Bélgica, Belize, Bolívia, Botsuana, Bulgária, Catar, Chile, Chipre, Cingapura, Colômbia, Coreia do Sul, Costa Rica, Croácia, Curaçao, Dinamarca, El Salvador, Equador, Eslováquia, Eslovênia, Espanha, Estônia, Filipinas, Finlândia, França, Granada, Grécia, Guatemala, Guiana, Holanda, Honduras, Hong Kong, Hungria, Indonésia, Irlanda, Islândia, Israel, Itália, Jamaica, Letônia, Lituânia, Luxemburgo, Macau, Malásia, Maldivas, Malta, Marrocos, México, Mônaco, Mongólia, Montenegro, Namíbia, Nicarágua, Nova Zelândia, Panamá, Paraguai, Peru, Polônia, Portugal, Reino Unido, República Dominicana, República Checa, Romênia, Rússia, Santa Lúcia, Suécia, Suíça, Suriname, Tailândia, Tobago, Trinidad, Tunísia, Turquia, Turquia, Uruguai e Venezuela. Vale ressaltar que a não exigência do visto não dispensa o uso de passaporte. Este, por sua vez, somente é dispensado nos países do Mercosul. Em caso de dúvidas não deixe de consultar o Itamaraty.

Países que **exigem** visto para brasileiros — Afeganistão, Angola, Arábia Saudita, Argélia, Austrália, Azerbaijão, Bangladesh, Bahrein, Belize, Benin, Brunei, Burkina Faso, Burundi, Butão, Cabo Verde, Camarões, Camboja, Canadá, Catar, Chade, China, Comores, Coreia do Norte, Costa do Marfim, Cuba, Djibuti, Egito, Emirados Árabes Unidos, Eritreia, Estados Unidos, Etiópia, Gabão, Gâmbia, Gana, Guiana Francesa, Guiné, Guiné-Bissau, Guiné-Equatorial, Iêmen, Ilhas Cook, Ilhas Kiribati, Ilhas Marianas, Ilhas Marshall, Ilhas Maurício, Ilhas Salomão, Índia, Irã, Iraque, Japão, Jordânia, Kuwait, Laos, Lesoto, Líbano, Libéria, Líbia, Madagascar, Malawi, Mali, Mauritânia, Moçambique, Moldova, Myanmar, Nepal, Níger, Nigéria, Omã,

Papua-Nova Guiné, Paquistão, Quênia, Quirguistão, República Centro-Africana, República Democrática do Congo, Ruanda, São Tomé e Príncipe, Senegal, Serra Leoa, Síria, Somália, Sri Lanka, Suazilândia, Sudão, Sudão do Sul, Tadjiquistão, Taiwan, Tanzânia, Timor Leste, Togo, Turcomenistão, Uganda, Uzbequistão, Vanuatu, Vietnã, Zâmbia e Zimbábue. Na grande maioria desses países, destaque para os europeus, há uma tolerância de permanência de 90 dias para brasileiros. Alguns permitem apenas 60 dias e outros estendem até 180 dias. Sempre que houver dúvidas, o melhor a fazer é consultar o Itamaraty.

5.4 Alta ou baixa temporada, inverno ou verão?

Quais as melhores épocas para visitar os destinos mais frequentados? Depende. Mesmo sendo uma resposta um tanto evasiva e parecendo sair de uma aula de economia, é a mais adequada, pois realmente subordina-se a outros vários fatores. A primeira coisa a ser levada em conta é o perfil dos viajantes. Deve-se considerar as mais diversas condições de cada um. Mais complexo ainda é encontrar um denominador comum em que a ordem de prioridades esteja em consonância com todos. O sonho deve prevalecer, considerando outros fatores como disponibilidade de datas e orçamento.

Fique de olho nas estações do ano, elas definem o clima e os preços de cada local, e em muitos países vai ser inverno enquanto no Brasil é verão ou vice-versa. A decisão de quando ir sempre estará em suas mãos, dependendo apenas de um planejamento antecipado para ser uma decisão acertada. Os fundamentos que necessitam ter a máxima atenção devem obedecer a todos os critérios já mencionados, mas a decisão final deve ser embasada em seu desejo. Este por sua vez pode sofrer adaptações e cortes de orçamento, mas nunca poderá impedir você de realizar seu sonho de conhecer determinado destino. A seguir eu listei algumas informações importantes sobre o clima das principais regiões e continentes:

<u>África</u> – No continente africano as estações são quase as mesmas do Brasil e do Hemisfério Sul. O verão acontece entre os meses de dezembro a fevereiro, o outono de março a maio, o inverno de junho a agosto e a primavera de setembro a novembro. A exceção se faz por conta da proximidade do norte da África com a Europa, pois a influência do clima europeu prevalece nessa parte do território. A maioria dos safáris são realizados entre março e abril ou setembro e outubro, meses em que as temperaturas são um pouco mais amenas. No verão as temperaturas ficam por perto

dos 30 graus e no inverno por volta dos 20 graus. Na África do Sul de março a junho é outono, uma ótima época para viajar, pois concilia o clima bom com a baixa temporada, criando preços atraentes.

Izabela Santana – Sítio arqueológico de Cartago, Túnis, Tunísia, África - 2014

América do Norte – Quem pretende curtir o frio, ter contato e praticar esportes com a neve deve considerar fazer as malas e viajar nos meses de dezembro a fevereiro, data em que acontece o inverno. A maioria das pessoas que desejam uma estação mais quente para fazer compras e turismo costuma viajar no verão, entre os meses de junho e agosto. Porém, o intervalo desses meses é a alta temporada, que coincide com férias escolares e os preços podem não ser os melhores. Bons preços podem ser encontrados em períodos da primavera, entre os meses de abril e junho, e no outono, de setembro a outubro.

América do Sul – Para visitar os países mais próximos ao Brasil, você deve decidir primeiro se a viagem será no verão ou no inverno, se quer conhecer neve na alta temporada ou ir durante a baixa temporada com preços mais acessíveis. Os meses de junho e julho propiciam excelentes passeios em cidades especializadas em acolher turistas que querem ver e praticar esportes de inverno. Já quem deseja um clima mais quente deve ir durante os meses de dezembro a fevereiro. Aos que pensam em viajar para os países ao norte, o ideal é ir durante o primeiro semestre, época em que as chuvas torrenciais dão uma trégua.

Ásia – A melhor época será sempre entre dezembro e abril, na alta temporada. O continente asiático é um verdadeiro paraíso para a escolha de destinos exóticos, países quase desconhecidos para a maioria dos brasileiros, além do leque de opções ser muito grande. Na parte mais ao oriente destacam-se Tailândia, Camboja, Vietnã e Filipinas, que quase nunca lotam e os preços são sempre baratos. É o maior continente de todos, abrigando alguns dos maiores países do mundo, como Rússia, China e Índia. A Ásia central é enorme, tem entre seus países o Quirguistão, nome que soa aos nossos ouvidos como o de terra longínqua e desconhecida. Outra parte menos desconhecida de nós ocidentais é o Oriente Médio. Por lá a melhor época é entre os meses de março e maio, mas leve em consideração os feriados religiosos muçulmanos que prevalecem no local e podem de alguma forma afetar as datas de seu roteiro.

Caribe – Com exceção da temporada de furacões, que acontece em agosto, setembro e outubro, praticamente em todo o resto do ano é possível fazer bons passeios. Porém, se estamos falando em fazer uma viagem com preços mais baratos, então a melhor época do ano é ir depois da Páscoa até julho. Nesse período os preços de hospedagem e das atrações turísticas caem consideravelmente. Leve dólares americanos, pois é a moeda corrente mais aceita e até os caixas eletrônicos têm essa opção de saque.

Europa – A baixa temporada será sempre no inverno, entre novembro e março, período em que faz muito frio no Hemisfério Norte. Caso você esteja procurando por esportes de inverno ou queira conhecer neve, esse é o período certo para você. Mas se você está procurando encontrar um preço mais barato de passagens aéreas e não necessariamente queira viajar no inverno, o recomendado é que você busque por voos entres os meses de abril e maio, durante a primavera, e entre setembro e outubro, no outono. Tenha sempre em mente evitar os destinos em que as férias escolares coincidam com as do Brasil, pois esses locais estarão sempre lotados e com preços altos. A outra regra de ouro é ter flexibilidade de datas para viajar. Esse sem dúvidas é o fator que lhe trará melhor custo-benefício na aquisição de passagens. O mesmo conceito se aplica ao escolher entre inverno e verão, dependendo muito do que você procura e dos valores que está disposto a gastar. Uma vez que o destino que se pretende conhecer já esteja definido, passe para a escolha da época, caso tenha essa liberdade de datas, e veja o melhor custo-benefício para você e os membros de sua viagem. No quadro a seguir eu fiz um resumo das estações do ano em cada um dos hemisférios.

Estações do ano

	Hemisfério Norte	Hemisfério Sul
Primavera	21 de março a 21 de junho	21 de setembro a 21 de dezembro
Verão	21 de junho a 21 de setembro	21 de dezembro a 21 de março
Outono	21 de setembro a 21 de dezembro	21 de março a 21 de junho
Inverno	21 de dezembro a 21 de março	21 de junho a 21 de setembro

Fonte: elaborado com base nas informações extraídas de https://mundoeducacao.uol.com.br/geografia/as-estacoes-ano.htm. Acesso em: 29 dez. 2021

Oceania – O verão é a melhor época para visitar o continente. Os dias chegam a ter 15 horas de sol por dia. Os países mais visitados são a Austrália e a Nova Zelândia, sendo de dezembro a março a época com temperaturas mais altas e propícias para a prática do turismo. A Oceania está localizada também no Hemisfério Sul e tem estações do ano e clima parecidos com os do Brasil e de outros países do nosso continente. No inverno, que acontece principalmente no mês de julho, quando faz frio há até estações de esqui funcionando. Do final de abril até o final de outubro, acontece o período de seca nas Ilhas Polinésias, sendo esta a melhor época para visitação.

5.5 Qual a quantidade ideal de dias?

A duração de qualquer viagem depende muito do viajante e de seus acompanhantes. Quais são os períodos do ano que a viagem pode ser levada a cabo por todos? Uma vez que essa data tenha sido definida, os viajantes poderão saber o clima que vão encontrar no destino, facilitando, por exemplo, a escolha das roupas a serem levadas, entre outros fatores. Já é possível começar a tratar da quantidade de dias que terá essa jornada.

Sou muito indagado sobre esse tema, e quando tenho a oportunidade de aconselhar um viajante sempre respondo "depende". Eu tento da melhor forma possível, com responsabilidade financeira, esticar o máximo todas as minhas viagens. Entendo que a passagem aérea terá pouca diferença se comprada de ida e volta de 10 dias ou com ida e volta de 20 dias ou mais, para o mesmo destino. É verdade, a diferença não compensa. Se você puder permanecer mais dias em uma viagem, faça isso. Passagens aéreas são caras e seu esforço de prolongar um pouquinho mais suas tão sonhadas férias vai valer a pena. Procure informações sobre o país, todos os pontos turísticos próximos e também os mais afastados, que você pode visitar por meio de excursões bate-volta.

5.6 Atrações principais ou "lado B"?

Volta e meia essa dúvida aparece nas discussões dos roteiros que monto para as minhas viagens. As atrações consagradas devem ter o espaço garantido no roteiro, não dá para ir a Roma e não tirar uma foto no Coliseu, por exemplo. Fazendo isso, você registrará sua visita, mas se pensar bem o Coliseu não oferece tantas oportunidades de prolongar uma estadia no local. É, sim, o ícone de uma cidade, de um povo, mas não tem atributos para segurar o turista por muito tempo, falo por experiência própria. Nessa hora entra o bom senso, muita coisa menos conhecida ao redor dessas grandes atrações tem seu charme próprio.

Izabela Santana – Com artista de rua em Roma, Italia – 2013

O ideal é pesquisar bastante para não perder nada. Graças a uma destas futricadas na internet, procurando atrações perto do Cemitério da Recoleta, em Buenos Aires, descobri várias outras atrações bem pertinho. O Shopping Recoleta Mall, ao lado, tem uma cascata de água nas escadarias da entrada, lojas lindas e uma praça de alimentação voltada, inclusive, ao público brasileiro. Outra boa descoberta foi a Basílica de Nossa Senhora do Pilar, inaugurada pelos frades da Ordem dos Agostinianos Recoletos (OAR) em 1732, um verdadeiro relicário de obras de arte. A outra foi a padaria La Paneira Rosa, toda cor de rosa, como o próprio nome já diz, tudo à distância de uma pequena caminhada.

Faça seu roteiro dia a dia, use de parâmetro os dias gratuitos da semana de cada museu. Não se espante, todas as cidades turísticas têm museus, e para atrair cada vez mais visitantes alternam os dias da semana entre eles, fornecendo, dessa forma, sempre um museu por dia com entrada franca. Veja os horários de abertura e de fechamento e com base nessas informações programe a rota de visitação. Aproveite o deslocamento e visite as outras atrações perto do referido museu. Essa é uma boa tática, que além de baratear a viagem, ajuda bastante na logística. Mas é só um parâmetro e um exemplo, siga seu tipo de viagens e programe tudo a seu gosto.

5.7 *Free walking tour*

Free walking tours são passeios gratuitos, na grande maioria das vezes a pé e em pequenos grupos, voltados para conhecer as principais atrações, embora existam alguns que também trabalhem com turismo "lado B". Esse tipo de turismo está presente em todas as cidades turísticas do mundo. Os serviços são prestados por guias locais, nativos que moram, vivem e conhecem bem a cidade. A duração desses *tours* geralmente não ultrapassa duas horas e terá no máximo três horas. São passeios que devem ser feitos nos primeiros dias da viagem para você ir se acostumando com o local e aprendendo um pouco da cultura e da língua.

Aproveite para pedir ao guia dicas de restaurantes bons e baratos e também a opinião pessoal dele sobre as atrações que você deseja visitar, pode ser muito útil para se orientar melhor pelos principais pontos turísticos. Podem ser agendados com antecedência ou de um dia para o outro pelos diversos *sites* que oferecem os serviços. Os pontos de encontro têm horários definidos, então não se atrase, pois começarão sem você em respeito aos que chegaram na hora marcada. Na maioria das vezes, o tour começará e terminará em pontos turísticos de fácil acesso, como praças famosas.

Esse tipo de turismo não trabalha com preços pré-fixados, como o próprio nome diz são gratuitos, mas por via das dúvidas consulte antes. Em algumas cidades existem opções diferentes de excursões em *sites* concorrentes e, se não forem repetidas, aproveite e faça todas. Segue uma pequena lista de alguns *sites* muito bons nesse segmento: Free tour (www.freetour.com), Excursiones gratis (www.excursionesgratis.com), New europeu tours (www.neweuropetours.eu), Feel the city tours (www.feelthecitytours.com), Free tour community (www.freetourcommunity.com), Free tours by foot (www.freetoursbyfoot.com), The Ljubljana free tour (www.ljubljanafreetour.com), Free walking tour Prague (www.freewalkingtourprague.eu), Free Sofia tour (www.freesofiatour.com), Bucharest walk about free tours (www.bucharest.walkaboutfreetours.com), Free Budapest tours (www.free-budapest-tours.com/tours), Be free tours (www.befreetours.com), Buenos Aires free walks (www.buenosairesfreewalks.com), Mont Pellier free tour (www.montpellier-freetour.com) e Athens free tour (www.athens-free-tour.com).

Existem muitos outros endereços eletrônicos, caso não encontre nos indicados seu destino, basta buscar no Google, com certeza irá encontrar. Os guias usam uniforme e muitos têm um grande guarda-chuvas colorido com a logomarca da empresa estampado para facilitar a identificação. Dependendo do destino, os *free tours* contam com a opção de escolha de idiomas, na maioria das vezes o espanhol e o inglês aparecem disponíveis.

Apesar de os passeios serem gratuitos, os guias de turismo precisam ser remunerados por seus serviços como qualquer outro trabalhador. A hora certa de realizar o pagamento é no final do *tour* e a forma é por meio da gorjeta, ficando a cargo de cada turista decidir o valor a ser pago pelo serviço. Existe um costume de dar pelo menos 5 euros por viajante ao guia na Europa, mas se os serviços superaram sua expectativa você pode pagar mais do que esse valor, se desejar.

5.8 Agência de viagem e *personal travel*

Cada vez mais pessoas tem recorrido às agências de viagens para montar seus pacotes turísticos, tendo em vista que as facilidades do mundo virtual nem sempre são as melhores opções e não adianta ter preço melhor se você não souber onde procurar e o que comprar. Além disso, montar uma viagem internacional requer muito mais que escolher datas e horários em um *site* e fechar o negócio com o cartão de crédito. Viagens precisam de roteiros inteligentes, factíveis e de muita preparação em todas as suas fases.

A consulta de um *personal travel* pode fazer toda a diferença. Novos destinos também exigem consultas de especialistas e as agências estão cheias deles. Eles trabalham com todas as operadoras e as chances de encontrarem boas ofertas para você é muito grande, pois trabalham diretamente com os fornecedores de companhias aéreas, de trem, cruzeiros, locadoras de carro, hotéis, trânsferes, seguradoras e tudo mais de que você possa precisar em uma viagem.

As agências são muito úteis em casos que não levamos em conta, como bagagem extraviada, voos atrasados etc. Antes de qualquer coisa, quando pensar em viajar, vá bater um papo com esse especialista de turismo, conte a ele seus planos, seu estilo de viagem, os destinos que sonha conhecer, de quanto dispõe para gastar e peça uma opinião sem compromisso. Não se espante se ele apresentar destinos alternativos, com melhores atividades culturais, hotéis mais baratos e atrações turísticas mais atrativas por menos dinheiro do que você pensava em gastar em seu destino inicial. Tudo isso pode ser seu sem nenhum ônus a mais, as agências de turismo recebem comissão das operadoras sobre o que elas vendem a você, ou seja, não aumenta em nada sua despesa e você ganha uma aula de turismo, um pacote e um roteiro.

5.9 Roteiros prontos ou personalizados?

Izabela Santana – Arco de Constantino, Roma, Itália – 2013

Acredito que seja de bom senso usar a duas opções, dependendo única e exclusivamente dos fatores envolvidos em cada viagem. Para que possamos ter confiança em elaborar e montar um roteiro personalizado, ou você já é um turista tarimbado e acostumado com viagens internacionais ou conhece bem o local da viagem. Caso contrário, não recomendo aventurar-se em montar roteiros em países estrangeiros com língua diversa da sua, podendo você se esquecer do fuso-horário, da hora do *check-in* ou do *check-out* nos hotéis, enfim, coisas que uma pessoa já acostumada se lembrará de levar em conta.

Mesmo para pessoas com esse discernimento, nem tudo sai como a programação original. Eu sempre monto roteiros que propiciem certa elasticidade entre uma e outra atividade. Na maioria das vezes, terminamos a rota bem mais cedo do que esperávamos e não é porque o trajeto foi feito às pressas. Acontece que muitas das atrações não levam o tempo todo de visitação que destinamos a elas. Alguns clássicos exemplos: a Torre dos Ingleses e a Floralis Genérica, em Buenos Aires, dois grandiosos monumentos, lindos, maravilhosos, cada um com sua história e relevância, porém de curta permanência no local para os turistas, bastando para a grande maioria algumas fotos para o registro.

A foto anterior foi tirada no Arco de Constantino. Não tem como fazer mais nada por lá a não ser tirar fotos e apreciar a vista. Se você tem dúvidas, não consegue viajar sozinho ou está acompanhado de idosos, crianças ou pessoas com deficiência, o melhor a ser feito é buscar empresas especializadas, eles irão auxiliá-lo em todo o trajeto. Procure uma agência de viagens, eles não cobram a mais de você e são comissionadas pelas companhias aéreas mediante o que venderem. Outro ponto positivo é que elas podem orientá-lo em todas as fazes da viagem.

5.10 Vale a pena saber

O momento mais extenuante de uma viagem é sempre o da chegada ao exterior. Recomendo que o transporte do aeroporto ao hotel seja feito por empresas sérias de trânsfer ou companhias de táxi renomadas. É muito importante chegar desestressado, adentrar no hotel e se preparar para fazer turismo.

Outra boa dica é estudar os mapas e guias de turismo ainda no Brasil, isso lhe poupará tempo durante a viagem. Tudo isso faz parte da preparação, para a qual não existe uma fórmula mágica, precisa ser funcional e ter seu estilo. Programar uma viagem tem suas peculiaridades, muitos pensam em fazer viagens que todos fazem, seguem como se fossem *scripts* de filme e se esquecem de fazer aquilo de que realmente gostam.

Faça um roteiro baseado na sua viagem, o protagonista desta história é você, tudo está a seus pés, mas cuidado para não voltar com a sensação de que viu tudo e não viu nada. Isso acontece muito com turistas que de alguma forma têm tendência de acelerar as atividades na viagem para aproveitar o tempo e conhecer mais atrações. No decorrer dos anos, esse turista passará por uma espécie de amadurecimento e aos poucos ele terá comportamento de viajante.

Roteiros que intercalam dias lotados com dias menos atribulados são os melhores, pois permitem o descanso do corpo, além de possibilitar absorver melhor as informações turísticas. Tudo na medida certa, seguindo um roteiro a seu gosto, pois viajar é encontrar consigo mesmo, é promover em si mesmo uma aculturação de comportamentos, é descobrir ao longo do tempo que a humildade é o grande ensinamento de uma viagem. A sensibilidade capitaneada nas viagens destruirá dogmas e conceitos antes intocáveis. A absorção de conhecimentos, costumes e culturas diferentes trará inúmeros benefícios, sendo o principal deles a certeza de sermos insignificantes perante a grandeza do mundo. Essa é a parte oculta de toda viagem, o poder elucidativo e transformador proporcionando a evolução espiritual e pessoal com aprendizado e aprimoramento espontâneo.

Capítulo 6

Adquirindo as passagens aéreas

Júnior Santana – Passagem aérea da TAP – 2013

6.1 Passagem aérea: você sabe o que é?

Simplificando, a passagem aérea é o bilhete que lhe dá direito a embarcar em determinado voo. Mas ela é muito mais que um simples *ticket*. Toda passagem aérea é um Contrato de Transporte e, na prática, você estabelece uma relação comercial e passa a ser o consumidor. A partir daí você passa a ter direitos e obrigações. Todas as regras estão nesse contrato, que você consegue acessar facilmente no *site* da companhia aérea. Todas as dúvidas que possam surgir, seja sobre reembolso ou endosso, possíveis alterações da passagem, se ela lhe proporciona fazer *stopover* e muitas outras informações estão contidas nele. Existem muitos tipos de passagens aéreas, a seguir destaquei algumas:

Passagens de primeira classe – Obviamente uma das opções mais caras para se voar. Atendem ao passageiro que pode pagar e aprecia comodidade, que deseja privacidade e prefere outras opções de entretenimento além das oferecidas na classe econômica. Dependendo da companhia aérea, a poltrona se transforma em uma cama. Algumas oferecem lençóis egípcios, travesseiros de plumas de ganso e pijama.

Passagens da classe econômica – Como o próprio nome já sugere, essa é a opção mais em conta que as companhias oferecem e representa a classe básica. Seus serviços são especializados para voos de alta performance com um padrão mínimo de conforto.

Passagens de classe executiva – Conhecida também por *business class*, é uma passagem intermediária entre a primeira classe e a classe econômica. Possui muitas regalias, como área VIP nos aeroportos com direito a *buffet* de alimentos e bebidas diversas, fazer o *check-in* primeiro e embarcar com prioridade, além de *lounges* com SPA.

Passagens de *open jaw* – Na prática é uma passagem de ida e volta no mesmo bilhete, porém com uma particularidade: ida para um destino e retorno ao mesmo destino por outra cidade diferente pagando o mesmo valor por isso. Fiz uso desse tipo de passagem em 2019, fui de São Paulo para Buenos Aires e voltei de Montevideo para São Paulo.

Passagens *one way* – Popularmente chamada no Brasil de passagem só de ida. Ou seja, é aquela que só possui um único trecho.

Passagens *multi city* – Diversos trechos interligados na mesma viagem, sendo muitas cidades de destino e origem. Uma boa vantagem, além do preço ser bem parecido com o de uma passagem normal, é que proporciona a mesma franquia de bagagem desde o voo inicial até o último trecho que estiver interligado no mesmo bilhete.

Passagens de *stopover* – Possibilidade de conhecer dois destinos com uma só passagem. Ou mais, existem passagens que permitem você fazer um *stopover* na ida e outro na volta. É uma passagem com a qual o passageiro desembarca em uma das escalas ou conexões sem custo adicional. Por exemplo, a caminho de Roma você poderá optar por ficar dois dias em Lisboa para depois seguir viagem. O *site* Melhores Destinos toda semana publica promoções 2×1 e 3×1. Muitas são as companhias aéreas que permitem o *stopover*, as principais são: Aerolíneas Argentinas (Buenos Aires), Aeroméxico (Cidade do México) Air Canada (Toronto), Air China (Madri e Pequim), Air Europa (Madri), Air France (Paris), American Airlines (Miami, Dallas, Los Angeles e Nova York), Avianca (Lima e Bogotá), British (Londres), Delta (Atlanta e Nova York), Emirates (Dubai), Ibéria (Madri), KLM (Amsterdã), Latam (Joanesburgo), Lufthansa (Frankfurt e Munique), Qantas (Sydney), Qatar Airways (Doha), Royal Air Maroc (Casablanca), Swiss (Zurique), TAP (Lisboa e Porto), Turkish (Istambul), United (Chicago, Houston, Nova York e Washington). As agências de viagens começaram a explorar esse recurso e já é visível o aumento de propagandas de voos com *stopover*.

Passagens de volta ao mundo – Esse tipo de passagem é especial, tem até um nome próprio para sua designação: *ticket The Round the World Fare*. Para a emissão dela, você precisa entrar no *site* das alianças de companhias aéreas (Star Alliance, One World ou SkyTeam). Essa passagem exige o cumprimento de algumas regras para a validação e execução. Entre as companhias aéreas as variações não são grandes. Você precisará obrigatoriamente dar a volta ao mundo em um único sentido e você pode escolher a direção. A jornada começará e terminará no mesmo país, e tem duração máxima de um ano. O número de trechos vai variar entre três a 16, e voos a partir da segunda zona podem ficar em aberto e ser marcados por você conforme sua vontade. Outro ponto a ser levado em conta é a flexibilidade de alterar as datas dos voos sem cobrança de taxa. Outra regra é que você só poderá cruzar os oceanos Atlântico e Pacífico uma única vez. Seus bilhetes serão emitidos pela primeira empresa aérea de seu primeiro voo, sendo ela responsável por emitir os outros bilhetes e administrar possíveis alterações durante sua jornada. Para conhecer muitos lugares, com toda certeza você precisará de vários trechos de voos diferentes. Dessa forma, a economia depende de voos entre empresas parceiras que formam uma destas três alianças aéreas:

Star Alliance – O grupo é formado por 26 companhias: Aegean Airlines, Air Canada, Air China, Air India, Air New Zealand, ANA, Asiana Airlines, Austrian, Avianca, Brussels Airlines, Copa Airlines, Croatia Airlines, Egyptair, Ethiopian Airlines, EVA Air, LOT, Lufthansa, Scandinavian Airlines, Shenzhen Airlines, Singapore Airlines, South African Airways, Swiss, Thai, TAP, Turkish Airlines e United.

One World – Atualmente 13 empresas fazem parte dela: American Airlines, British Airways, Cathay Pacific, Finnair, Iberia, Japan Airlines, Malaysia Airlines, Qantas, Qatar, Royal Air Maroc, Royal Jordanian, S7 Airlines e SriLankan Airlines.

SkyTeam – É composta de 19 companhias: Aeroflot, Aerolíneas Argentinas, AeroMexico, Air Europa, Air France, Alitalia, China Airlines, China Eastern, CSA Czech Airlines, Delta Airlines, Garuda Indonesia, Kenya Airways, KLM, Korean Airlines, Middle East, Saudi Airlines, Tarom, Vietnam Airlines e XiamenAir.

6.2 Dá para comprar passagem aérea mais barata?

Sim. Tomando alguns cuidados, realizando muita pesquisa e utilizando as ferramentas corretas eu digo que sim, é possível. A maioria dos *sites* especializados no tema afirmam que o melhor momento para a compra de passagens internacionais para a baixa temporada é entre 30 e 60 dias de antecedência e na alta temporada de 60 a 120 dias. Não há como confirmar a veracidade dessas informações, podem ser verdadeiras como podem não passar de mais uma lenda sobre o assunto. Com base nas minhas experiências, eu recomendo o uso de duas ferramentas associadas, são elas:

Google Flights – Para muitos é o grande oráculo dos buscadores de passagens na internet. E não é para menos, ele permite que você procure voos de várias formas diferentes. Por meio de seus poderosos filtros, este serviço *online* apresenta informações sobre todas as passagens que existem para o percurso informado. Nele você encontra informações diversas que vão desde a companhia aérea, o tempo de viagem, se possui escalas, quantas são e os menores valores praticados. Essas informações ajudam a poupar tempo e principalmente dinheiro.

Kayak – Considerado o líder global de pesquisas de viagem *online*, pertence ao Booking e tem prestígio de sobra nos EUA e Europa, o que o torna muito confiável. Por meio de seu *site* e de seus aplicativos para celular, a empresa consegue comparar preços em mais de meio milhão de hotéis, mais de 500 companhias aéreas e centenas de operadoras de turismo pelo mundo, conseguindo ofertas quase imbatíveis para qualquer destino.

Usando os dois ao mesmo tempo você obterá um leque de opções que possa vir a lhe servir. Mas lembro que isso não lhe impede de associar mais buscadores de passagens, como *sites* de companhias aéreas e outros *sites* agregadores de companhias aéreas. Por muito tempo procurei respostas para perguntas de como comprar passagem aérea mais barata. Se eu entrar no *site* da companhia aérea de madrugada eu consigo preços melhores? Qual *site* é o mais barato? Cheguei a pensar que existia um segredo que apenas eu não sabia. Não é um exagero, sempre que olhava na internet os *sites* de turismo, os *blogs* de dicas de viagens, as diversas publicações advindas de todas as partes do mundo eu imaginava que viajar era uma arte e para os não afortunados, como eu, restaria apenas aprender esses segredos. Mas como esses viajantes praticantes dos mais variados estilos de viagens, sendo todas levadas a cabo com sucesso e com seu respectivo glamour fazem para viajar tanto? Novamente meu sentido lógico me levava a crer que sim, existia um segredo.

Com o tempo descobri que as companhias aéreas baseiam os preços de suas passagens na oferta e na demanda, seguindo o conceito de vender pelo menos 60% dos bilhetes para operar o voo. As promoções vão aparecer enquanto o avião estiver vazio, depois disso os preços sobem naturalmente, pois o interesse em praticar descontos já não é mais o mesmo. Os valores praticados vão mudar e são muitos os fatores que contribuem para isso, desde a data da viagem, a antecedência ou brevidade do voo e aproveito para deixar a dica: nunca deixe para adquirir passagens aéreas na véspera da data desejada. Existe uma lenda criada pelos filmes de Hollywood de que passagens compradas de última hora são mais baratas. O raciocínio em questão leva em conta que o voo pode ter lugares vazios e, sendo assim, a companhia oferecerá descontos vantajosos para preenchê-los, visto que o voo irá acontecer de qualquer forma. Tolo engano, essas passagens são propositadamente vendidas a preços maiores pelas companhias aéreas, pois elas sabem que negócios e emergências fazem as pessoas viajarem às pressas.

Por outro lado, imagine se os valores praticados fossem sempre os mesmos. Dessa forma não existiria passagem aérea barata. Para acompanhar os preços, faz-se necessário entender um pouco de oferta e demanda e suas sazonalidades. Acompanhar essa oscilação de preços pode levá-lo a comprar quando os valores estiverem baixos. Compreender as variantes desse sistema e saber aplicar a melhor estratégia será fundamental para você fazer uma boa economia. Pagando menos se viaja mais.

Algumas dicas já estão comprovadas e funcionam, a exemplo dos voos que têm sua decolagem entre terça a quinta-feira, que normalmente apresentam preços mais baixos. Isso acontece porque nesses dias da semana a demanda das companhias aéreas é menor e elas realizam mais promoções.

Outra dica que mostra resultados positivos é fazer uso de aeroportos alternativos para chegar ao mesmo destino. Isso acontece muito em grandes centros, em cidades que possuem mais de um aeroporto ou em cidades próximas a seu destino que também possuem aeroporto. Por exemplo, se você está planejando uma viagem para Buenos Aires, recomendo olhar os valores das passagens para os dois aeroportos da capital portenha, a diferença pode ser significativa e, mesmo se não for, observe qual dos dois está mais perto de seu hotel, você pode economizar no valor do trânsfer ou do táxi.

Observe que o Aeroporto Internacional de Ezeiza é o maior aeroporto internacional da Argentina e fica a 31,2 km do centro de Buenos Aires. Já o Aeroparque Regional Jorge Newbery é o aeroporto de tráfego regional da grande Buenos Aires e está localizado a 6 km do centro da cidade.

Talvez a maior aliada nessa empreitada de encontrar preços seja a **flexibilidade de datas**. Se você puder mudar a data de sua viagem para mais ou para menos, com certeza encontrará preços mais atraentes. Evite datas próximas das festas de fim de ano ou de grandes eventos consolidados em certos países, como o Carnaval no Brasil e o Dia dos Mortos no México. Caso você deixe para ir ou voltar alguns dias antes ou alguns após os eventos, irá economizar nas passagens. Usar o modo anônimo na consulta **não diminui** o preço da passagem, é uma prática que não funciona, ou seja, apenas um mito.

Onde é melhor comprar, no *site* da companhia ou direto em uma agência de viagem? Depende muito de quem fará as buscas, da data dessas pesquisas e de muitos outros fatores. Caso você tenha confiança em seu agente de viagens, faça com ele, o sistema que ele possui das consolidadoras pode e deve lhe oferecer algo de seu agrado. Se você conseguir encontrar uma passagem aérea que lhe satisfaz, com valores que se encaixam em seu orçamento, então compre e boa viagem, pois amanhã ela pode não estar mais com preços atraentes.

Por fim, chamo a atenção para na hora de realizar as buscas pela passagem barata não se esquecer de observar alguns pontos de fundamental importância. Confira qual é o aeroporto de embarque e o de destino, se a bagagem despachada está inclusa na tarifa (muitas passagens a preços módicos não cobrem o despacho da bagagem apenas as bagagens de mão) e, caso seu voo possua escalas, observe se você precisará trocar de aeroporto. Isso mesmo, não está grafado errado, não, o mais comum nas escalas é trocar de aeronave, porém muitas passagens promocionais lhe impõem a troca de aeroporto. É muito comum no Brasil você chegar do exterior pelo Aeroporto Internacional de Guarulhos e para seguir viagem para seu estado ter de se deslocar para o Aeroporto de Congonhas, pois o trecho seguinte parte de lá. Não é um bicho de sete cabeças, mas pode ser muito cansativo e há também os gastos com deslocamento.

6.3 Milhas: benefícios ou sacrifícios?

Depende. Mais uma vez essa é a melhor resposta para tal pergunta. Sem dúvida a melhor estratégia é se aprofundar no assunto e entender como é o real funcionamento dessa engrenagem que movimenta um número grande de turistas em prol de seus benefícios. Várias são as formas de acúmulo de milhas, cada uma delas consegue seduzir e atrair adeptos para suas regras e ações conforme as benesses oferecidas.

As formas de fidelização nesse segmento são as mais variadas, passando principalmente pelo uso de cartão de crédito que junta pontos que podem ser trocados por milhas aéreas e estas por passagens de graça. Fidelidade em lojas e postos de combustíveis também têm uma boa aceitação entre os adeptos da ideia das milhas aéreas. Esses artifícios criados pelas companhias áreas têm por objetivo principal diminuir a distância com seus potenciais consumidores por meio de ousados planos de vantagens que possibilitam voar de graça, mediante certo número de pontos acumulados e posteriormente trocados por passagens das mais variadas e para todos os destinos do mundo.

Outro atrativo de alguns desses programas é poder trocar os pontos por serviços e produtos. A grande ideia das companhias é fidelizar seus clientes e vencer a concorrência. Os usuários de cartões de crédito passaram a comprar literalmente tudo para acumulação de pontos. Muitos têm em sua vida financeira obrigações e volumes de transações altas que ajudam e muito nesse sentido. Cada caso é um caso e deve-se pensar e analisar individualmente se compensa ou não a aquisição de pontos e troca por milhas. Na dúvida, o melhor é consultar um especialista.

Tenho observado o aumento exponencial de "loucos por milhas", pessoas que mudaram seus hábitos de consumo por aderirem a programas de fidelidade de milhas. A empolgação inicial é fantástica, os argumentos são factíveis e atraentes, pois quase sempre envolvem pessoas próximas ou alguém conhecido que já viajou de graça acumulando milhas. Deve-se ter bastante cuidado, pois nem sempre estamos diante de uma vantagem clara.

Em uma análise menos superficial, sem considerar o prêmio final, que é viajar de graça, existe um verdadeiro abismo. Muitos estão fidelizando abastecimentos em postos de gasolina que ficam a quilômetros de distâncias de suas casas e seus trabalhos. O quanto é compensativo andar quilômetros a mais para abastecer em troca de pontos? Compensa trocar um cartão de crédito sem anuidade por um que cobra esse serviço em troca do acúmulo de pontos? Muito cuidado ao aderir a esses planos, faça e refaça suas contas. Nem sempre será vantajoso sair comprando tudo no cartão de crédito, o barato pode sair muito caro.

Passagens aéreas com todos os tipos de promoções estão diariamente em oferta e sempre vão existir. Muitas das formas utilizadas para viajar de graça são pagas sem que percebamos ao longo do tempo, e o que era para ser de graça na verdade não é. Recomendo tirar as dúvidas com alguém especializado no ramo antes de tomar qualquer decisão.

6.4 Perdendo o medo de viajar

Júnior Santana – Edifício Costanera Center, Santiago, Chile – 2019

Enfrentar nossos medos é uma necessidade da vida. As pessoas que têm medo de viajar sofrem de hodofobia, já as que têm medo de avião são acometidas pela aerofobia. Alguns apenas sofrem antecipadamente os dissabores de uma passagem pela imigração malsucedida e outros tantos pensam que vão se perder e não achar o caminho de volta. Nesses casos, as viagens podem até ajudar, servindo como um tratamento de choque. Cada caso é diferente do outro e alguns necessitam até de orientação médica especializada.

A grande maioria tem apenas receio e medo do desconhecido. O medo de que tratamos aqui é a ansiedade, o receio de sair da zona de conforto e a insegurança relativa a cada passo de uma viagem. Não podemos usar como um fator de comparação histórias frustradas de outras pessoas. Prepare-se, pesquise, estude o país, a cidade e a cultura dos lugares que pretende visitar. Absorva as situações vividas e comprovadamente funcionais testemunhadas por outros. Nunca se compare a outros viajantes, liberte seu sonho de viajar, siga em frente com seu projeto e seu desejo de conhecer outros países e outras culturas.

Capítulo 7

Escolhendo as acomodações

Júnior Santana e Izabela Santana – *Colosseum Hotel, Roma, Itália – 2014*

7.1 Hotel

Quando for se hospedar em hotéis, três coisas devem ser levadas em consideração: a localização, o conforto e o preço. Em suas viagens, quais são suas prioridades na hora de escolher o hotel? Prefere visitar as atrações turísticas a pé ou um hotel confortável sem se preocupar com a distância? A resposta depende exclusivamente de seu estilo de viagem. Meu conselho é que você defina um padrão mínimo de conforto que seja aceitável para você e para todos os integrantes da viagem. Uma vez que a qualidade da unidade habitacional tenha sido definida, a localização deve ser apreciada observando sempre o custo-benefício de cada local. O mais comum é hospedar-se o mais perto possível das principais atrações turísticas.

A cidade de Roma é um exemplo clássico, a grande maioria dos monumentos, museus e igrejas estão localizadas no centro histórico, dá para visitar tudo a pé. Essa opção permite economizar muito com deslocamentos. Em Buenos Aires, grande parte das atrações estão localizadas na região conhecida por microcentro. É muito prático hospedar-se nessa localidade e conhecer tudo andando a pé.

Por outro lado, quando os preços estiverem altos, seja pelo câmbio desfavorável, pela alta temporada, ou por outros motivos, verifique os valores praticados por motoristas de aplicativos, como Uber, e taxistas. Faça as contas, pois muitas das vezes os valores de um hotel mais afastado, porém com acomodações melhores, somado com todos os deslocamentos diários pode ficar mais barato. Se for o caso, informe a seu agente de viagens os valores que você pretende praticar e com certeza ele encontrará um hotel por um valor muito bom. Mas se você é do estilo que pesquisa você mesmo e compra direto dos *sites* especializados, recomendo três deles:

O primeiro é o **Booking (www.booking.com)**, que é considerado a melhor opção para reservas e possui o maior número de hotéis à disposição entre todos os seus concorrentes, deixando-os bem longe neste quesito. Outro ponto positivo é a opção do cancelamento grátis e a ausência de taxas de reservas. O *site* possui um *layout* maravilhoso e uma gama enorme de avaliações sobre os hotéis deixadas pelos próprios consumidores. Parece ser sem relevância, mas ajuda muito na hora de escolher.

O segundo é o **Hoteis.com (www.hoteis.com)**, que não possui a mesma quantidade de hotéis disponíveis para escolha em seu portfólio, mas pratica as melhores condições de pagamento do mercado. Oferece opções de parcelamento em até 12 vezes sem juros. Essa facilidade já me ajudou no passado, eu não tinha toda a grana necessária para fazer certa viagem, acabei comprando as diárias do hotel parceladas no cartão de crédito e fiz a viagem da mesma forma. Quem sabe essa dica lhe seja útil um dia.

O terceiro é o **Agoda (www.agoda.com)** uma agência de viagens *online* que iniciou suas atividades no ano de 2003, sendo em muito pouco tempo comprada pela Booking Holdings. Possui um sistema de megabuscas em hotéis e estabelecimentos de aluguéis de temporadas, além de voos e traslados de aeroportos. Este *site* complementa os outros dois.

As buscas iniciais listam os valores praticados pelos hotéis em outros *sites* de buscas que oferecem os serviços hoteleiros. Em instantes são informados os preços de determinado hotel e as diferenças de valores entre os diversos *sites* de buscas. É uma excelente forma de encontrar o melhor custo-benefício, a diferença pode chegar a até quatro vezes o valor entre um *site* e outro.

A título de curiosidade, a Marriott International, fundada e conduzida pela família desde 1927, é uma gigante da hotelaria que possui mais de 7 mil hotéis de luxo espalhados por todo o mundo e 30 marcas diferentes, entre elas: The Ritz-Carlton, JW Marriott, W Hotels, Sheraton, Renaissance, Aloft e Design Hotels. Existem também redes ótimas que podem propiciar excelentes preços para turistas que pretendem economizar sem deixar a qualidade de lado. A Accor Live Limitless (accorhotels.com), proprietária dos hotéis Ibis, Formule 1, Etap, Mercure entre outros, pratica preços mais acessíveis, oferecendo conforto por preços razoáveis. Outras redes como Confort Hotel e Quality Hotel em alguns destinos podem surpreender principalmente na qualidade.

7.2 Hostel

Mas o que é mesmo um hostel? Se usarmos a tradução literária do inglês para o português, a melhor definição seria "albergue". Esses estabelecimentos proporcionam acomodação por preços muito convidativos se comparados com os hotéis. Com certeza é uma boa alternativa para os que estão com o orçamento apertado e para os que preferem gastar menos em suas viagens.

O hostel também atrai pessoas que procuram socialização e buscam ambientes multiculturais. Eles são locais propícios para uma experiência social compartilhada, ideal para conhecer gente nova e fazer amizades. Sem dúvida são ambientes comprovadamente mais divertidos que os outros tradicionais meios de hospedagens. Os tipos de acomodação também diferem um pouco dos meios ortodoxos mais conhecidos e praticados. O hóspede pode escolher entre cama ou beliche, e se a escolha for este último a hospedagem será em um quarto compartilhado, sendo também de uso comum o banheiro, a lavanderia e a cozinha. Esta, por sua vez, costuma ser equipada com fogão, micro-ondas, geladeira e eletrodomésticos básicos fornecidos para você fazer suas próprias refeições e um pouco de economia, evitando gastar dinheiro em restaurantes.

Mas nem só de quarto compartilhado trabalham os hostels, muitos deles oferecem quartos privados a preços muito bons. Cada hostel tem suas próprias particularidades, não existem dois hostels iguais. A grande maioria vai oferecer quartos femininos, masculinos e mistos com guarda-volumes para seus pertences, Wi-Fi e café da manhã. Nunca esqueça de levar sua toalha de banho e seu kit de higiene pessoal, são produtos que até podem ser fornecidos, mas com certeza serão cobrados à parte.

De modo geral, hostels são ambientes seguros e a maioria tem atendimento 24 horas, proporcionam um mínimo de conforto ao hóspede, compensado pelos preços baixos. Seguem alguns *sites* dos principais hostels do mundo: Sul hotel (www.sulhotels.com.br), Hostel world (https://www.hostelworld.com/) e Hi hostel Brasil (www.hihostelbrasil.com.br).

7.3 Airbnb

Este é um serviço inovador criado em 2008 e atualmente uma das maiores empresas do ramo de turismo mundial, fazendo-se presente em mais de 190 países. É totalmente *online*, o que já reduz em muito os custos de qualquer operação de um negócio. As pessoas anunciam suas acomodações no *site* (https://www.airbnb.com.br) para que os interessados reservem e fechem negócio alugando-as. Em resumo, pode-se dizer que se trata de uma plataforma de aluguel de meios de hospedagens não convencionais.

Com 13 anos de existência e com participação significativa no mercado, é possível já responder de antemão a uma pergunta que sempre vem em mente com esses novos tipos de negócios: O Airbnb é confiável e seguro? Sim, sem nenhuma dúvida. Mas como qualquer negócio tem suas normas e características próprias, por exemplo, a empresa não parcela as estadias em várias vezes no cartão de crédito e em nenhum outro tipo de meio de pagamento. O que importa é o preço final, propiciando uma boa economia em seu bolso. Se você pretende usar esse meio de hospedagens, lembre-se sempre de visualizar os comentários de pessoas que já fizeram uso da acomodação que você está escolhendo, eles podem livrá-lo de muitos dissabores. Veja também o que os inquilinos disseram sobre os anfitriões, essa parte pode fazer toda a diferença, pois essa pessoa pode orientá-lo, dando dicas sobre a cidade, interagindo e transmitindo confiança. Também podem ser pessoas frias e desinteressadas, que deixam a desejar até mesmo com o básico combinado, como a limpeza da casa.

7.4 *Bed and breakfast* (B&B)

É uma hospedagem informal e mais econômica, essa seria uma boa definição. Penso que podem ser qualificados como um pequeno estabelecimento de hospedagem que oferece pernoite e café da manhã, que na maioria das vezes é servido no estilo continental. Esse serviço é muito comum na Europa, que remonta a costumes muitos antigos que sobreviveram aos tempos modernos. É um tipo de locação para as pessoas que não têm como prioridade luxos e mordomias, pois na grande maioria dos casos trata-se de um quarto grande com uma cama de casal e uma de solteiro, podendo ter outras combinações, como três camas de solteiro, um banheiro, uma mesa, uma TV e um armário. além de Wi-Fi. Essa modalidade, se for bem localizada, pode propiciar alguns bons descontos com deslocamentos, além de ser tradicionalmente 30% mais barata que os hotéis.

7.5 *Apart* hotel

Na prática é como se você pudesse contar com um apartamento confortável com todos os serviços fornecidos por um hotel. Normalmente as tarifas são menores e flexíveis, portanto, é muito recomendado para quem procura certa economia. O ambiente possui cômodos comuns de unidades habitacionais, como sala de estar, quartos, cozinha, banheiro privativo e alguns com varanda. Todos os espaços são mobiliados, sendo recomendado para turistas que viajam em família ou em número maior e para pessoas que de alguma forma pretendem passar uma temporada prolongada no local. Aos que viajam a trabalho, é uma boa opção para receber clientes.

Outras coisas devem ser levadas em conta. Em um hotel você poderá sair e retornar sem dar satisfações a ninguém a hora que quiser. Em alguns *apart* hotéis pode ser que você tenha de cumprir regras nesse sentido. Os defeitos de estrutura podem trazer dissabores em um *apart* hotel, sendo você obrigado a chamar o dono para resolver defeitos no chuveiro, no vaso sanitário, nos encanamentos, com Wi-Fi entre outros. Em um hotel, basta chamar a recepção para que sejam providenciados pequenos reparos, além de você retornar ao quarto e estar tudo limpo, cama arrumada etc. Cada caso é um caso, o melhor é colocar tudo na ponta do lápis e ver se compensa, e principalmente se o perfil dos viajantes combina com esse tipo de acomodação.

Capítulo 8

Água, *alimentação e gorjeta*

8.1 Água: economia e cuidados essenciais

A água é a fonte da vida deste maravilhoso mundo. A melhor definição seria: é o recurso natural essencial à vida dos seres vivos e o principal insumo de produção de vários bens de consumo. Nas viagens, os cuidados com a água são de suma importância, pois é um dos fatores que pode causar transtornos grandes e até mesmo a interrupção e o cancelamento da viagem.

O excesso de zelo com a água em deslocamentos se justifica por conta de muitos países não darem o devido tratamento à água que oferecem para sua população. Dependendo do roteiro da viagem, pode acontecer de você passar por um país que tem seu saneamento básico e o abastecimento de água abaixo dos padrões recomendados pela Organização Mundial de Saúde (OMS). Dessa forma, o consumo de água imprópria pode acarretar inconvenientes fora do controle. A água não tratada pode causar diarreia, giardíase, hepatite, febre tifoide entre tantas outras enfermidades, inclusive a cólera.

Fazer pesquisas sobre a qualidade da água dos locais que você irá visitar pode ajudar, mas o remédio infalível é consumir apenas água mineral engarrafada, dando preferência para as marcas tradicionais já consagradas mundo afora. Na dúvida, use também a água para escovar os dentes, lavar alimentos e não faça uso de gelo nos bares, pois você nunca terá como saber a procedência da água.

Em muitos lugares do mundo a água da torneira é de excelente qualidade podendo ser inclusive ingerida. Os países que permitem esse consumo são: EUA, Canadá, Austrália, Nova Zelândia e todos os países ocidentais da Europa. Os do Leste Europeu, da América do Sul, África e Ásia é aconselhável fazer uma consulta antes.

Existem países que comercializam água mineral com sabor diferente do que estamos habituados, por exemplo, o Chile. Por lá, algumas marcas podem ter uma sensação de água pesada, lembrando ferrugem. Esse fenômeno acontece devido ao alto teor de minerais contidos onde são extraídas algumas delas. Vale ressaltar que não são impróprias para o consumo humano, apenas possuem um gosto estranho, principalmente para quem não é do lugar, visto que os chilenos tomam água da torneira. Estive no Chile em 2019 e convivi com essa situação no meu dia a dia. Após aprender na prática, recomendo o uso da água Benedictino ou Nestlé, ambas possuem gosto muito parecido com o que estamos acostumados no Brasil.

Em qualquer lugar do mundo, o preço mais barato para se comprar água será encontrado em supermercados. Em se tratando de localidades muito longe de onde você estiver hospedado, vale a pena comprar nas pequenas mercearias e lojas de conveniências, elas praticam preços menores que os dos hotéis, bares e restaurantes.

8.2 Restaurantes

Izabela Santana – Angus Parrilla, Recoleta Mall, Buenos Aires, Argentina – 2018

Nas viagens, seja na Europa, na América do Sul ou em qualquer parte do mundo, a comida será sempre um grande vilão do orçamento. Em alguns casos, pode ser responsável por mais de 25% dos gastos da viagem.

Para os que se hospedam em hotéis com direito a café da manhã, a dica é aproveitar bastante essa opção, principalmente se for *buffet*. Um café bem reforçado pode propiciar apenas um lanche baratinho na hora do almoço, e toda economia conta, dinheiro economizado em refeições pode servir para um ingresso de um museu ou quem sabe a aquisição de um souvenir.

Mas se mesmo assim você deseja almoçar em um restaurante, então, para diminuir os gastos com comida, faz-se necessário conversar com os nativos e descobrir onde eles fazem as refeições e que tipo de prato eles consideram bom e barato. Procure restaurantes que eles gostam de frequentar e peça sempre o prato do dia. Usar o supermercado e as lojinhas de conveniência pode poupar tempo e trazer muita economia. Compre água, refrigerantes, sucos, chocolates, frutas e comida nesses locais e prepare as refeições no hotel. Mantenha o frigobar do hotel abastecido de água, não queira saber o preço praticado pela gerência do hotel. Não cometa o erro de procurar comida brasileira, no exterior elas são difíceis de encontrar e na maioria das vezes são bem caras. A melhor opção será sempre a culinária local, e isso terá em abundância em qualquer lugar que você visitar.

Os *food trucks* são uma excelente opção de refeição barata, rápida e gostosa. Pode ser a sua salvação, e se encontrar com algum no caminho, não perca a oportunidade, mesmo se estiver sem fome compre para comer no hotel à noite. Em alguns lugares os *self-services* começam a cair no gosto popular e já são encontrados com mais facilidade pelos turistas. Um bom exemplo vem dos nossos *hermanos* argentinos, que a cada dia usam mais essa opção. Por lá eles chamam esse tipo de restaurante de "Chino".

Várias formas de economia podem ser aplicadas em relação à comida no exterior. Ideias práticas, como trocar as marcas famosas por marcas desconhecidas, fará uma boa diferença nas despesas do supermercado. Em alguns locais você pode dispensar o serviço do garçom, por exemplo, tomar um capuccino no Café Brasile, em Roma, pode ficar mais barato desde que você mesmo vá ao balcão e faça o pedido.

8.3 Gorjeta: para quem, quando e quanto dar?

Ao ouvir falar em gorjeta, logo vem à cabeça as nossas experiências brasileiras. É muito comum o pensamento ser direcionado ao garçom trazendo a conta já com a gorjeta inclusa no valor final. Porém, no exterior, o mais comum é o valor do serviço ser cobrado à parte, sendo pago diretamente ao garçom ou atendente. Não existe uma regra geral, cada país trata do assunto a seu modo, e os valores praticados podem variar na porcentagem cobrada e na forma de pagamento. Parece ser bem simples reconhecer e gratificar um profissional que tenha feito um bom atendimento, regra usada na grande maioria do mundo ocidental. Mas no Japão pode ser o contrário, o assunto pode até causar constrangimentos. Lá as gorjetas podem ser interpretadas até como ofensa. Já no Canadá o simples ato de você não dar gorjeta pode ser entendido como falta de educação.

Um problema que acontece com frequência são as pessoas darem valores muito altos de gorjeta por não terem notas pequenas ou por não saberem o valor correto. Na ânsia de não cometer uma injustiça e até para evitar dissabores, acabam gastando mais do que o necessário. Saber como se portar diante de pequenos gestos como esse pode resultar em uma economia considerável no final da viagem. As regras e costumes mudam de país para país, de continente para continente, veja alguns exemplos:

<u>África do Sul</u> – Nos bares e restaurantes o habitual é 10% sobre o valor da conta e nos pequenos serviços, 1 dólar. Para o safári do dia o normal é cada participante dar 5 dólares. Se houver mais de um guia, eles dividem os valores arrecadados.

<u>Argentina</u> – Não é obrigatório, o mais sensato é dar mediante a qualidade do serviço prestado. Em países de língua espanhola a gorjeta sempre se chamará "propina". Em bares e restaurantes, a média fica em torno de 10% sobre o valor da conta e nos hotéis 50 pesos por mala.

<u>Ásia</u> – Pelo menos nos países do Sudeste Asiático, como Brunei, Camboja, Indonésia, Filipinas, Laos, Malásia, Myanmar, Tailândia e Vietnã, o hábito de dar gorjeta não faz parte da cultura local. De certa forma não é um problema, sendo bem aceita pelos colaboradores. Sempre que gostar dos serviços prestados, dê uma pequena gorjeta. Para garçons, atendentes, camareiros e afins dê 2 dólares.

<u>Austrália e Nova Zelândia</u> – Dar gorjeta não é obrigatório. Caso o serviço tenha sido bem-feito e você queira oferecer uma recompensa, normalmente 10% é suficiente.

<u>Chile</u> – Nos bares e restaurantes o habitual é 10% sobre o valor da conta e nos hotéis 200 pesos por mala.

<u>EUA e Canadá</u> – A gorjeta se chama *tip* e é muito comum, quase obrigatória. Para taxistas não é obrigatório. Se decidir dar a gorjeta, a sugestão é arredondar a conta para cima. Bares e restaurantes praticam a média de 15% sobre o valor da conta e hotéis por volta de 1 dólar por mala.

Europa – No velho continente não existe uma regra específica sobre gorjetas, alguns países têm o hábito de cobrar e outros não. Em boa parte deles a gorjeta virá acrescida na conta, já em outros será cobrada à parte, e em alguns ela não existirá. Deixar de 5 a 10% do valor da conta é uma excelente prática e não lhe trará problemas em nenhum local. Nos hotéis basta 1 euro por mala.

Israel – As gorjetas de 10% são consideradas baixas, sendo mais comum o pagamento de 15% em restaurantes e casas noturnas já incluso nas contas. Para pequenos serviços basta 1 dólar.

Japão – Os japoneses não esperam gorjetas nem as recebem, e caso você insista pode ser até considerado ofensivo. O melhor a fazer é pagar o valor que vier na conta, de preferência com cartão de crédito.

México e Caribe – Pela proximidade e pelos costumes americanos já estarem inseridos na economia turística, a gorjeta segue o estilo dos EUA e fica em torno de 15% nos bares e restaurantes. Segue-se a regra para os hotéis, 1 dólar por mala.

Peru, Colômbia e Uruguai – Nesses países não existe o costume da gorjeta e em bares e restaurantes a média é de 10% sobre o valor da conta.

A melhor opção é pesquisar o assunto com antecedência, identificando as diferenças e similaridades dos costumes do destino escolhido em relação às gorjetas. Isso ajudará você até no orçamento geral da viagem.

Capítulo 9

Tipos de deslocamento em viagens

9.1 *City tour* e *hop-on/hop-off*

Júnior Santana – Palermo, Sicília, Itália – 2014

Nas minhas viagens, consequentemente nos meus roteiros, sempre deixo o primeiro dia pós-chegada (na prática, o segundo dia, mas na verdade o primeiro dia completo) para a realização de um *city tour* guiado. Sempre escolho o mais completo possível, esse cuidado se justifica pela otimização do tempo no local. Esse dia começa bem cedo, logo após um café da manhã bem reforçado, pois podem acontecer atrasos durante o percurso e o almoço pode demorar.

Estratégias à parte, comece o *city tour*, ou pegue um ônibus hop-on/hop-off, ambos com guias, pois eles sabem a realidade turística e histórica do local e você vai aprender muito com isso. Parece um luxo, mas não é, pelo contrário, é muito importante essa tomada de decisão para você economizar tempo e dinheiro.

No caso dos *city tours*, todos eles buscam os turistas no hotel e os levam de volta. Esses passeios normalmente irão percorrer rotas passando pelas principais atrações da cidade. Conforme a van for andando, o guia vai chamando a atenção dos turistas para os prédios, parques e demais atrações do destino, explicando o significado de cada monumento histórico, entre outras citações relevantes. Os guias são treinados para manter a atenção dos turistas e fazer de um simples passeio uma experiência agradável e produtiva. Nesses trajetos, já pré-estabelecidos, com toda certeza a van fará pequenas paradas nas principais atrações para visitação e para tirar fotos.

Aproveite o máximo, não se acanhe, faça perguntas e quando estiver no hotel, à noite, pegue o roteiro para realizar pequenos remanejamentos. Você perceberá que existem locais programados para visitação, no decorrer dos dias de sua viagem, onde você já foi. Isso mesmo, o *city tour* irá passar por atrações que você julgava necessário mais tempo de permanência e, na verdade, apenas alguns minutos para tirar uma foto são suficientes. Cito o exemplo da Floralis Genérica, uma escultura metálica no Bairro da Recoleta, na cidade de Buenos Aires. É uma atração turística diferente que vale a visitação, mas apenas para registrar tirando uma foto, sendo suficiente pouco tempo para isso. Dessa forma você poderá substituir o tempo que julgava necessário para essa visitação em outro evento.

Quando a cidade oferecer ou se você preferir os ônibus *hop-on/hop-off*, fique atento ao momento da compra do bilhete, eles têm de lhe fornecerem um mapa detalhado de todo o trajeto, paradas e de suas principais atrações. Você pode descer e subir sempre que quiser desses ônibus, ou até mesmo andar o dia todo neles. Os bilhetes costumam valer por 24 horas e em algumas cidades até por 48 horas. Quando fizer uso deles, esteja atento ao clima, pois esse ônibus tem dois andares e a parte de cima normalmente é aberta e deve ser usada quando o clima estiver mais fresco e com sol. A parte de baixo, fechada, deve ser usada quando estiver fazendo frio ou chovendo. Superadas as adversidades temporais, marque bem o ponto de início do *tour*, entre na aventura e siga sem descer em nenhum dos pontos de embarque e desembarque. Faça todo o trajeto observando e escutando o guia. Uma vez que o trajeto tenha chegado ao fim, você deve fazê-lo de novo, porém, desta vez, com uma experiência diferente da primeira vez. Agora você será capaz de identificar qual atração vale a pena descer para conhecer e qual não compensa.

9.2 Metrô

O metrô mais antigo do mundo foi construído em 1863 em Londres e serviu de modelo para outras cidades também implementarem. Com certeza deve ser o meio de locomoção mais usado por turistas no mundo todo, seja pela economia que proporciona, pela facilidade de usar ou pela agilidade deles. É uma das melhores maneiras de circular pelas cidades mundo afora e difere bastante conforme o tamanho das cidades e o ano de sua inauguração. Nas cidades orientais, os metrôs são supermodernos, o de Hong Kong é um bom exemplo. Por outro lado, existem uns que mais parecem obras de arte, como é o da cidade de Santiago, no Chile, que possui um maravilhoso. Há também os funcionais e práticos, que cada vez mais caem no gosto popular, e o de Buenos Aires se enquadra nessa descrição.

Seja qual for o metrô que você for usar, independentemente do lugar, é necessário que você estude um pouquinho sobre ele antes de utilizá-los na prática, isso pode ajudar a economizar tempo e evitar adversidades. Busque mapas ou aplicativos para orientar-se. Se você já está decidido a usar o metrô em sua viagem, procure também hotéis próximos das estações. Alguns cuidados devem ser lembrados, como evitar horários de pico, pois o metrô não é exclusivo para turistas, a população local também faz uso dele.

Uma vez no vagão, use mochilas e bolsas sempre na frente do corpo, permanecendo sempre atrás das faixas de segurança. Não se esqueça de respeitar as vagas de assentos destinados ao público preferencial. Nunca se separe dos acompanhantes, permaneçam sempre juntos, evitando desencontros indesejados. Outra coisa de bom-tom é não fazer refeições dentro do trem, pois muitas comidas possuem odores fortes e podem incomodar outras pessoas. Também deve-se evitar o consumo de bebidas alcoólicas, drogas ou cigarros. Nesse mesmo sentido, não fale alto, use fones de ouvido para ouvir música e lembre-se sempre das regras básicas de etiqueta. Seja sempre gentil, você está em um ambiente relativamente pequeno e a boa educação ajuda a evitar problemas.

9.3 Aluguel de veículos

Cada vez mais brasileiros passam a alugar carros no exterior. O medo e a desconfiança diminuem e ano após ano as locações aumentam. Assim como no Brasil, alugar um veículo não é tão simples quanto parece e o ato tem regras próprias do negócio e exigem alguns tipos de cuidados.

Para alugar um carro no exterior é necessário ter idade mínima de 25 anos, um passaporte válido, CNH, PID e um cartão de crédito. Você terá uma infinita gama de veículos econômicos, vans, 4×4, entre outros à sua disposição para que você escolha o modelo que suprir às suas necessidades.

Está muito na moda o aluguel de motorhome. Para tanto, as opções de locadoras de automóvel ao redor do mundo são as mais variadas. Entre as maiores e as mais conhecidas do mundo estão Avis, Europcar, Hertz, Budget, Alamo, Enterprise, National Car Rental, Sixt rent a car e Expedia. Seja qual você escolher, estará muito bem assistido. Todas possuem *site* próprio, mas eu também recomendo verificar o *site* da Omio (https://www.omio.com) e da Priceline (https://www.priceline.com). Quando procurar carros para alugar, em qualquer parte do mundo, os planos oferecidos geralmente serão de dois tipos: você poderá escolher entre diárias com quilometragem livre ou mínimas. Rodando pouco, a quilometragem mínima é a mais em conta e, se for rodar muito ou não souber o quanto irá rodar, escolha a quilometragem livre, que nesse caso é a mais indicada.

Aluguel de carro por hora – A inovação vem da empresa Zipcar e facilita o aluguel de carros por meio de aplicativo, fornecendo reservas de automóveis faturáveis por minuto, hora ou dia. O negócio exige um cadastro e os associados pagam taxas mensais ou anuais, além dos valores cobrados pelo aluguel do veículo. Uma das apostas da empresa é o turismo, pois está convencida de que o aluguel de carro por hora é o complemento perfeito para o turista que usa ônibus ou trem para se locomover entre uma atração turística e outra. Em resumo, o negócio oferece reservas de carros por hora ou dia pagando apenas pelo tempo que reservar. Mais informações no *site* da empresa (www.zipcar.com).

RV – Relocação de carro com viagem gratuita – Por um tempo desconfiei do assunto e não acreditei, mas é verdade. Relocação de veículos (*relocation car*) é uma forma barata de alugar carro no exterior, às vezes sem custo, em outras por apenas 1 dólar. Essas oportunidades são oferecidas por locadoras que precisam trazer de volta seus veículos alugados e deixados em lugares distantes. Ao invés de a locadora pagar um frete para uma transportadora especializada em transporte de veículos ou contratar um motorista para que esse veículo volte à origem, elas estão inovando e relocando os veículos para turistas por preços simbólicos ou até de graça. Alguns dos principais *sites* que oferecem este tipo de serviço são: Imoova (www.imoova.com/imoova/relocations), Cruise America (www.cruiseamerica.com), Wicked campers (https://www.wickedcampers.co.uk) e Jucy (https://www.jucy.com/nz/en/campervans/nz-deals/relocations). Essa prática parece não ter lógica, mas proporciona às locadoras economia de muito dinheiro. É um método muito usado na Nova Zelândia, Austrália, nos EUA e países da Europa.

9.4 Ônibus

O mundo globalizado chegou para ficar. Esse mesmo universo sem fronteiras é o maior aliado da necessidade, cada vez mais crescente, de baratear custos nos transportes. Seja para enfrentar a concorrência ou para otimizar lucros, o liame parece ter chegado também às empresas de ônibus. Recentemente a União Europeia, por meio de uma forte política de liberalização de mercado, atrelada a incentivos financeiros e fiscais diversos, afetou consideravelmente o desenvolvimento do segmento de transporte rodoviário, suas companhias e os serviços por eles prestados.

Andar de ônibus na Europa pode ficar muitas vezes mais barato que os meios tradicionais, como avião e trem. As principais companhias de ônibus da Europa são a Eurolines e a Flixbus. Esta última é uma *low cost* que tem bons preços e oferece um excelente serviço. Cada país tem várias companhias, sendo as mais conhecidas: Alsa, na Espanha, Rede Expressos, em Portugal, Ouibus, na França, PolskiBus, na Polônia, Regiojet, na República Checa, Onnibus, na Finlândia, Swebus, na Suécia, entre tantas outras europeias.

A Megabus é a campeã de *tickets* de ônibus baratos nos EUA, no Canadá e no Reino Unido. A Cruz Del Sur se destaca no Peru e região. Na Argentina as mais conhecidas são Andesmar, Chevallier, El Rápido International, Via Bariloche e Crucero Del Norte. O segredo, seja onde você estiver, é pesquisar bastante, pois com certeza você conseguirá fazer uma economia considerável com um nível de conforto muito bom.

A cada época aparecem novidades no setor e a sensação no momento é a GoOpti, uma empresa da Eslováquia, no Leste Europeu, que oferece um serviço de viagem compartilhada usando o mesmo veículo para levar pessoas que vão na mesma direção. Parece um esquema de carona de ônibus, mas é seguro. Faça uma simulação no *site* da companhia (https://www.goopti.com) e veja se os preços são realmente atrativos.

Sempre que tiver dúvidas se compensa ou não, você pode utilizar duas excelentes ferramentas: o *site* da Omio (https://www.omio.com) e o da Rome2Rio (https://www.rome2rio.com). Neles você consegue fazer uma comparação entre os meios de transporte disponíveis para o destino almejado. Você terá acesso a informações sobre os valores e o tempo gasto em cada um deles. Não deixe de usar, são muito bons.

9.5 Trânsfer

O serviço de trânsfer de passageiros permite um agendamento antecipado, que pode de certa forma otimizar seu bem mais precioso em uma viagem: o tempo. Uma vez contratado o serviço, o motorista estará no saguão do aeroporto portando uma plaquinha com seu nome para levar você e suas bagagens ao hotel com segurança e rapidez. É muito utilizado para traslados de aeroportos, hotéis, portos, rodoviárias e vice-versa.

Recomendo uma avaliação de valores entre as várias companhias que atuam nesse tipo de mercado. Uma boa pesquisa pode gerar descontos ou benefícios como *upgrade* de veículo ou um veículo com maior capacidade de passageiros pelo preço de um menor. Na hora de fechar o negócio, busque companhias já consagradas no mercado ou pague pelo serviço no ato da compra das passagens ainda na agência de viagens. Segurança nunca é demais. Há casos também de serviços oferecidos por empresas que são muito bem recomendadas por conhecidos que usaram o serviço e gostaram.

9.6 Táxi ou Uber

Ambos fornecem um bom atendimento a seus clientes. Imagino que, se o pensamento a ser levado em conta for sempre a economia, a Uber ganhará fácil essa disputa. Mas nem sempre a economia compensa. Já passei por uma situação em que tive de esperar por 1 hora a chegada do carro da Uber no aeroporto de Guarulhos para me levar ao aeroporto de Congonhas. Nessa ocasião em especial eu tinha tempo disponível e podia aguardar, dessa forma o valor praticado ficou 50% menor do que um taxista cobraria. Também já passei alguns momentos de aflição com o serviço da Uber no exterior. Certa vez chamei um carro pelo aplicativo na Argentina e o motorista me disse para ir a pé para outro cruzamento, alegando que eu estava em sentido proibido, na contramão ao dele. Não tive opção a não ser desistir da corrida e pegar um táxi, pois tinha pressa em chegar a outro destino. Mais adiante, ainda no mesmo dia, tornei a chamar um carro da Uber e tudo transcorreu normalmente, mas ao final da corrida tive de pagar pela corrida anterior, que não foi efetuada, pois o outro motorista alegou que eu o chamei e não esperei.

Essas situações estão sujeitas a acontecer e todo negócio de transporte de pessoas tem problemas. O melhor é ter tempo entre um deslocamento e outro, dessa forma o aplicativo é bem mais barato. Mas se o tempo for escasso, o táxi é muito mais rápido e existem pontos por parte da cidade que podem ser chamados por ligações telefônicas.

Cuidados com golpes de taxistas e motoristas de Uber devem ser tomados sempre. Os truques se renovam, portanto sempre desconfie de tudo, tenha notas pequenas para pagar as corridas a fim de evitar o risco de ficar sem o troco. No caso de optar pela Uber, recomendo o pagamento com cartão de crédito, que é muito mais prático, além de você pode reclamar caso na prestação do serviço tenha acontecido algum problema. No meu caso, ambos se completam, sempre uso os dois em todas as partes do mundo, a cada momento um será mais adequado que o outro.

9.7 Trem

O trem é o meio de transporte do futuro, gasta pouca energia e polui menos. Podemos dizer que o trem respeita o meio ambiente. Além do mais, é superconfortável, rápido e um meio de transporte bastante seguro. Quase todo o continente europeu é interligado por trens. Nos países ocidentais os trens são modernos e velozes, já no Leste Europeu existem pelo menos os trens convencionais.

O primeiro bom conselho sobre trens na Europa é nunca se atrasar, pois lá os trens são pontualíssimos, quase todos saindo de grandes estações centrais de fácil acesso. Nunca se atrase, a recomendação é chegar pelo menos com 30 minutos de antecedência.

A Raileurope revende passagens de todas as companhias de trem de todo o continente europeu. A má notícia é que os valores praticados por essa empresa normalmente são mais caros que os *sites* das companhias ferroviárias de cada país. A boa notícia é que o *site* existe em versão na língua portuguesa e por meio dele você pode fazer todas as suas pesquisas, elaborando as rotas que precisem do uso de trens. Ele é o mais completo, com valores, distâncias, tempo estimado da viagem, horários de partida e chegada, conexões, entre muitas outras informações úteis. Sugiro que pesquise nele primeiro, depois entre nos *sites* das companhias nacionais do referido país e compare os preços. A seguir listei as principais companhias ferroviárias da Europa e seus respectivos países:

Companhias ferroviárias da Europa

Alemanha – DB
Áustria – OBB
Bélgica – DSB
Espanha – Renfe
França – SNCF e Thalys
Holanda – NS
Hungria – MAV
Itália – Trenitália e Italo
Noruega – NSB
Polônia – PKP
Portugal – CP
Inglaterra – National Rail
República Checa – CD
Romênia – CFR
Rússia – RZD
Suécia – SJ
Suíça – SBB

Sempre que pegar um trem, leve o menor número de malas possível e coloque-as ao alcance da vista, sentando-se bem perto e com visão frontal para elas. É muito comum o roubo de bagagem em trens, basta um pequeno descuido perto de uma parada e o estrago está pronto. Lembre-se de que a comida nos trens é boa, mas é cara. Se você está com o orçamento apertado, é permitido levar lanches, refrigerantes e água na mochila para consumir dentro dos vagões.

Aa companhias ferroviárias, disponibilizam passes com descontos diversos. Existem vários tipos de passes, que valem somente dentro de um referido país e outros com abrangência intercontinental, que são muito usados na Europa. Caso precise utilizar muito esse tipo de transporte, dê uma conferida nos valores praticados pelas companhias, em alguns casos pode valer a pena.

Outra dica valiosa sobre os trens europeus é que a segunda classe é muito boa, com padrões excelentes de conforto e comodidade, dispensando totalmente a compra de passagens de primeira classe. Fique atento a um detalhe: algumas passagens de trem exigem validação antes do embarque. Caso não saiba como fazer, procure o guichê, nele você pode tirar dúvidas e validar as passagens. Alguns totens também oferecem o serviço de validação e estão disponíveis por toda parte nas estações, mas isso exigirá de você certo conhecimento em língua estrangeira.

Quando tiver de se locomover para alguma estação ferroviária, é bom verificar, ainda no hotel, de qual estação seu trem partirá. Muitas cidades têm várias estações diferentes. Na chegada, observe bem o nome correto da estação em que você precisa descer, pois existem nomes parecidos que podem causar certa confusão, por exemplo: Roma Termine e Roma Tiburtina, Veneza Mestre e Veneza Santa Lúcia, Florença Santa Maria Novella e Florença Campo di Marte, entre outras tantas.

Não existe um limite oficial de bagagem, mas não abuse, seja sempre sensato. Somente compre passagens com assento reservado e sempre observe os campos do bilhete, nele você encontrará o número de sua poltrona. Uma vez embarcado, tenha sempre em mãos o bilhete, deixe em local de fácil acesso para quando o funcionário da companhia passar conferindo os bilhetes você não passar pelo transtorno de abrir malas e sair procurando os bilhetes em todas as partes. Caso não encontre, as chances de você ter de pagar uma nova passagem, incluindo uma multa, é muito grande.

Viajar em trens noturnos pode ser uma boa forma de economizar uma estadia de hotel, desde que o trem possua camas, ou você terá de passar a noite sentado em uma poltrona. O melhor é conferir antes. Fique atento para o horário de chegada desses trens, às vezes eles chegam muito cedo e o comércio nas cidades da Europa começam a abrir as portas a partir das 9h da manhã. Outro fato a ser levado em conta são os horários de *check-in* nos hotéis, sempre a partir das 10h da manhã, alguns às 14h. Leve isso em conta, pois pode ser que você precise andar pela cidade puxando malas ou ter de esperar em um saguão de hotel até dar a hora certa de poder entrar no quarto. Quando isso acontecer, dirija-se ao balcão do hotel e peça ao funcionário a entrada antecipada, pergunte a ele se não há alguma unidade habitacional disponível no momento. Use esses termos, ele entenderá que você tem conhecimento das normas e tratativas de hotéis, e costuma dar certo, salvo em alta temporada, quando as vagas estarão sempre perto de sua lotação máxima e o hotel tem sempre a expectativa de ocupar todos os quartos.

Os trens noturnos são hotéis sobre trilhos que percorrem distâncias consideráveis à noite. Praticamente todas as capitais europeias e cidades grandes oferecem esse serviço. Diferem da maioria dos voos, pois os trens chegam dentro das cidades, fato que pode baratear a locomoção para o hotel. Nas viagens de longa distância, você poderá escolher entre as camas (*sleepers*) e as beliches (*couchettes*).

Os principais trens noturnos são:

<u>Berlin Night Express</u> – Este trem liga Berlim, na Alemanha, a Malmö, na Suécia. Quando chega na cidade de Sassnitz, ainda na Alemanha, o trem inteiro segue viagem de balsa atravessando o Mar Báltico até a Suécia. Do porto sueco de Trelleborg segue viagem até Malmö, operando somente no verão.

<u>Euro Night Ister</u> – Opera todos os dias entre as cidades de Budapeste, na Hungria, e Bucareste, na Romênia. Não deixe de aproveitar a parada em Brasov, na Transilvânia, para visitar o Castelo de Bran, conhecido como Castelo de Drácula. A viagem completa é feita em 17 horas.

<u>Intercités de Nuit</u> – Trem francês que liga Paris a Toulouse entre outras cidades francesas.

<u>Santa Claus Express</u> – O trem finlandês tem dois andares e percorre a distância entre a cidade de Helsinque até Lapônia, parando em Rovaniemi, a casa do Papai Noel, seguindo para Kemijärvi, sua última parada.

<u>Thello</u> – É possível viajar da França para a Itália e vice-versa com este trem diurno/noturno rápido. Ele passa pelas cidades de Paris, Marselha, Milão e Veneza. É muito recomendado entre os que já fizeram a viagem, principalmente pelo conforto das cabines.

<u>Trenhotel</u> – Luxuoso, conhecido por ser o preferido entre os que apreciam conforto e bom atendimento. Este trem noturno conecta a Espanha com Portugal e a França.

<u>Alguns dos melhores trens noturnos da Europa:</u>
Amsterdam (Holanda) → Copenhagen (Dinamarca)
Barcelona (Espanha) → Madrid (Espanha)
Barcelona (Espanha) → Genebra (Suíça)
Barcelona (Espanha) → Paris (França)
Berlim (Alemanha) → Malmö (Suécia)
Bruxelas (Bélgica) → Genova (Itália)

Budapeste (Hungria) → Bucareste (Romênia)
Londres (Inglaterra) → Edinburgh (Escócia)
Malmö (Suécia) → Estocolmo (Suécia)
Madrid (Espanha) → Lisboa (Portugal)
Madrid (Espanha) → Paris (França)
Milão (Itália) → Paris (França)
Paris (França) → Amsterdam (Holanda)
Paris (França) → Veneza (Itália)
Viena (Áustria) → Roma (Itália)
Viena (Áustria) → Veneza (Itália)

9.8 Trens e trajetos ferroviários famosos

Izabela Santana – Trem panorâmico Northern Explorer, Auckland, Nova Zelândia – 2010

Explorador do Norte (Northern Explorer) – Como o próprio nome sugere, percorre toda a parte central da Ilha do Norte, na Nova Zelândia. É muito bom, mas não se pode comparar aos modernos trens europeus de alta velocidade. A viagem pode ser comparada a uma jornada épica, que ao longo de seus 680 km de extensão possibilita uma visão das melhores paisagens do país em seus vagões panorâmicos, indo de Auckland, sua maior cidade, até Wellington, a capital federal. Em 2010 fiz esse trajeto saindo às 7h da manhã e chegando às 18h no destino. As paisagens vão de um extremo ao outro entre cenários dos filmes *O Hobbit* e *O Senhor dos Anéis*, montanhas vulcânicas de Tongariro, Ngāuruhoe e Ruapehu cobertas de neve, fluxos de lava antigos e densas florestas. Tudo isso a bordo de um trem panorâmico que faz paradas em Palmerston North, Ohakune, National Park e Hamilton. A Nova Zelândia proporciona mais três opções de trens panorâmicos distribuídos por seu território: TranzAlpine, Coastal Pacific e Interislander. Quem estiver de passeio pelo país, recomendo que faça pelo menos um desses passeios, vale muito a pena.

Júnior Santana – Estação de trem de Ohakune, Nova Zelândia – 2010

Expresso do Oriente – Sinônimo de luxo e glamour, desde 1883, data de sua inauguração, o rei dos trens é cheio de histórias e curiosidades ao longo de suas rotas. Este lendário trem sobrevive à modernidade dos de alta velocidade, promovendo viagens fantásticas nas mais lindas paisagens do continente europeu. Desde sua primeira viagem até hoje o trem mantém-se fiel a seu itinerário entre as cidades de Paris, na França, e Istambul, na Turquia. Hoje em dia está funcionando com vagões originais reformados, mantendo sua originalidade e luxuosidade, sendo um privilégio para quem pode pagar até 7.900 dólares por viagem.

Transiberiana – Em operação desde 1916, seu trajeto tem 9.289 km e percorre três países: Rússia, Mongólia e China. Existem quatro trens turísticos diferentes que possibilitam realizar essa viagem através do continente asiático em sua maior parte. Todos os pacotes em trens privativos são realizados por um destes trens: Golden Eagle Transiberiano, Transiberiano Zarengold, Grande Expresso Transiberiano e Transiberiano Imperial Russia. Vale ressaltar que eles se diferem em graus de conforto e preço. Todos que realizam a viagem relatam experiências incríveis. A rota que vai de Moscou a Pequim, passando pela Mongólia, é a preferida entre os viajantes. É um passeio indicado para turistas que desejam aprender e viver culturas diferentes, uma jornada de experiências coletivas que propicia conexão com o desconhecido diariamente, um fascinante mundo sobre trilhos.

Bernina Express – Trem panorâmico que opera a rota mais clássica da Suíça. Seu percurso conecta o norte ao sul da Suíça em regiões bastante diversas culturalmente. O trem atua em uma ferrovia declarada patrimônio cultural mundial. A viagem tem seu início na cidade de Chur, na Suíça, e seu término é na cidade de Tirano, na Itália. Passa por paisagens únicas e incríveis em um percurso de 55 túneis, 196 pontes e com 2.253 metros de altitude em seu ponto mais alto. O valor da passagem custa 126 francos suíços e o bilhete é de ida e volta.

Japan Rail Pass – Popularmente conhecido como JR Pass, o passe tem validade em todas as formas de transporte do JR Group no Japão. Mas fique atento a um detalhe importante: o referido passe é vendido apenas para estrangeiros e só pode ser comprado fora do Japão. Caso pretenda usar, compre algumas semanas antes da viagem. Pode ser adquirido para 7, 14 ou 21 dias de uso consecutivos, pelos respectivos valores: 246 euros, 393 euros e 503 euros.

Blue Train – O mais chique entre todos os trens da África. Para fazer um parâmetro, é um trem de luxo totalmente decorado com serviço cinco estrelas, talheres de prata, cabines com banheiras e um mordomo à disposição. Percorre 1.600 km desde a Cidade do Cabo até Pretória em aproximadamente 27 horas. O preço é a partir de R$ 4.500,00 com regime *all inclusive*.

<u>Trens Rocky Mountaineer</u> — Companhia canadense de turismo ferroviário que opera trens em três rotas ferroviárias pela Colúmbia Britânica e por Alberta, fazendo parte deste *tour* as Montanhas Rochosas e o famoso Lake Louise. São impressionantes a vista e o conforto a bordo dos trens dessa companhia.

<u>Trem Nariz do Diablo</u> — Possibilita aos viajantes um passeio pelo Equador andino. Segue em zigue-zague pela Cordilheira dos Andes, passando por paisagens muito bonitas. Possui várias rotas, entre elas uma que sai de Alausi e termina em Sibambe, local da famosa montanha com formato de nariz.

<u>Trem Expedition</u> — Leva turistas à cidade de Machu Picchu, no Peru, sendo o mais econômico. Oferece serviços limitados com pequenas variações de lanches e bebidas. Se você for fazer turismo nesse país, tente colocar em seu roteiro essa viagem de trem. Fazer turismo ferroviário panorâmico é uma das viagens mais confortáveis e seguras de turismo que existe no mercado e você também pode usar um dos trens somente com passagem de ida para se deslocar de um local para outro seguindo seu roteiro. Seria muito inteligente combinar uma experiência dessa com praticidade de logística de seu roteiro.

Seguem dois endereços de *sites* úteis sobre ferrovias:

Seat 61 (www.seat61.com) — Fornece informações muito úteis sobre viagens de trem no mundo inteiro. É uma excelente ferramenta para montar um roteiro de viagem.

Bahn (www.bahn.de) — Este é o *site* da companhia Deutsche Bahn (DB). Nele você poderá consultar itinerários e comprar passagens por toda a Alemanha e pela Europa de uma forma geral. O bilhete é enviado para seu *e-mail*, mas é indicado manter uma cópia impressa junto de seu passaporte para quando o inspetor passar. Em caso de perda, é só imprimir novamente o arquivo digital enviado no correio eletrônico. Para comprar passagens de outras companhias europeias basta entrar direto no *site* delas, é mais barato que comprar nas tradicionais Eurorail e Raileurope.

Capítulo 10

Comunicação no exterior

Júnior Santana – Avenida Corrientes, Buenos Aires, Argentina – 2018

Fazer ligações para o Brasil do exterior é fácil, basta um telefone celular com *chip* válido. Você deve teclar: 00 + 55 + código da cidade no Brasil (sem o zero) + número do destino. Se a ligação for dos EUA, faça assim: 011 + 55 + código da cidade no Brasil (sem o zero) + número do telefone.

10.1 *Chip* internacional

Tenha conforto e tranquilidade durante sua viagem usando um *chip* internacional. É muito prático, barato, seguro, pode ser adquirido ainda no Brasil e permite ligações para a maioria dos países do mundo. Com ele você terá acesso à internet para consultar mapas, usar os serviços de *delivery*, contratar serviços turísticos e muito mais. Essa é mais uma facilidade à sua disposição sem a tradicional preocupação com o *roaming* internacional.

    É muito importante chegar ao exterior com o *chip*, do aeroporto já é possível pedir um carro por aplicativo, se for o caso. Outra vantagem é começar a viagem conectado com suas redes sociais. A maioria dos países também oferece *chip* para turistas. São *chips* de operadoras locais normais que são vendidos aos turistas mediante apresentação do passaporte. Funcionam normalmente como se fosse um *chip* de um nativo. Usei esse tipo de serviço em três oportunidades: em Buenos Aires, Santiago e Roma. Tudo a contento, e na cidade eterna confesso que o alcance do *chip* me surpreendeu, funcionou muito bem não só na Itália, mas em toda a Europa.

    Um dos mais usados é o *chip* Easysim4u, que pode ser encontrado pelo *site* (https://www.easysim4u.com/). A abrangência é comprovada em mais de 200 países e é um excelente facilitador. O serviço é pré-pago, não ocorrendo nenhum outro tipo de cobrança no futuro. Você escolhe a data da vigência e da ativação do *chip* também no *site*. O *chip* será enviado para seu endereço e basta você colocá-lo no celular. Planeje sua viagem, compre o *chip* com 60 dias de antecedência usando sempre a forma "expresso", que permite rastreamento total. O *chip* somente começará a funcionar na data que você definir no *site*.

Izabela Santana – Bairro Recoleta, Buenos Aires, Argentina – 2018

10.2 Aplicativos, internet e Wi-Fi

McDonald's e Starbucks – Ambas as redes de alimentação oferecem acesso ao Wi-Fi gratuito para seus clientes. Mesmo que o usuário não compre nada, ainda assim é grátis. Elas aplicam o conceito de que se as pessoas passarem mais tempo em suas lojas, a chance de consumirem seus produtos é relativamente muito maior.

Mandic Magic – Um aplicativo gratuito para Android, iPhone (iOS) e Windows Phone que funciona como uma rede social de senhas Wi-Fi públicas. Os usuários do aplicativo colocam as senhas pela primeira vez e a partir daí ficam disponíveis para todos. É muito útil em lugares onde você não conseguir um *chip* de celular com internet.

Aplicativos – Nunca foi tão fácil se comunicar, basta apenas a internet conectada ao celular. Os aplicativos geradores de chamadas se multiplicam e se aperfeiçoam a todo instante. Quase todos permitem fazer ligações e chamadas de vídeos gratuitamente. Entre os aplicativos de comunicação mais usados e preferidos no momento, destacam-se: Skype, Viber, Facebook Messenger, Facetime, Instagram, Zoom, WeChat, Snapchat e WhatsApp.

10.3 Linguagem internacional

Existe um código mundial usado na aviação e no turismo de uma forma geral, quando se faz necessário soletrar palavras. Pode acontecer durante entrevistas na imigração, em ligações telefônicas ou em outras situações que por algum motivo propiciem a necessidade de elucidar hesitações com nomes e sobrenomes. É muito comum atendentes de hotéis e das companhias aéreas solicitarem a confirmação de nomes e dos códigos de reserva se tiverem dúvidas. Essa incerteza será sanada utilizando o código internacional.

Convenhamos que algumas letras possuem grafias diferentes, mas os sons são bem parecidos, a exemplo de M e N, P e B. Em uma entrevista simples, a pessoa pedirá para você soletrar seu nome usando as palavras do código. Por exemplo, a assinatura **JUNIOR** seria transmitida desta forma: **Juliet – Uniform – November – India – Oscar – Romeo**. Tenha sempre esse código por perto nas viagens internacionais, pode ser que um dia seja necessário você fazer uso dele em situações inesperadas. Na lista a seguir estão os códigos correspondentes a todas as letras do alfabeto:

A – Alfa
B – Beta
C – Charlie
D – Delta
E – Echo
F – Foxtrot
G – Golf
H – Hotel
I – India
J – Juliett
K – Kilo
L – Lima
M – Mike
N – November
O – Oscar
P – Papa
Q – Quebec
R – Romeo
S – Sierra
T – Tango
U – Uniform
V – Victor
W – Whiskey
X – X-Ray
Y -Yankee
Z – Zulu

Capítulo 11

Seguro-viagem

11.1 A Europa e o Tratado de Schengen

Fonte: https://www.melhoresdestinos.com.br/melhor-seguro-viagem.html. Acesso em: 29 dez. 2021

Os turistas brasileiros não precisam de visto para entrar em um país europeu membro do Espaço Schengen pelo prazo máximo de 90 dias. Porém, existem obrigações a serem observadas, entre elas ser portador de seguro-viagem com cobertura de pelo menos 30.000 euros. Se a moeda utilizada for outra, o valor terá de ser o equivalente e deve cobrir acidentes, enfermidades e também a repatriação. Leve muito a sério essa obrigatoriedade, ela pode ser muito útil em emergências, sem o seguro-viagem você pode até ser barrado e não poder entrar no velho continente, e em caso de alguma eventualidade ele será sua salvação.

Não são todos os países da Europa que participam do acordo. Inglaterra, País de Gales, Escócia, Irlanda do Norte e Irlanda não fazem parte e Bulgária, Romênia, Croácia e Chipre estão em processo de inclusão. Contratar um seguro-viagem internacional garante a você assistência médica internacional, evitando gastos altíssimos com despesas médicas e hospitalares indesejáveis. Com ele, você receberá uma indenização para bagagem danificada, extraviada ou perdida. No caso de roubo ou perda de documentos, dinheiro ou cartões de crédito, cancelamento ou atraso dos voos, você será ressarcido dos valores gastos com alimentação e hospedagem. Se a viagem for cancelada por situações extremas, como doença grave, morte do segurado ou de um parente próximo, haverá reembolso de parte das despesas. A assistência jurídica cobre gastos com advogados, fianças, entre outros. O repatriamento de pessoas falecidas ou doentes está previsto na cobertura, já quanto ao regresso antecipado nas situações já justificadas, o seguro cobre os gastos para a antecipação do retorno. Por último, mas não menos importante, o seguro também cobre as despesas farmacêuticas.

Na dúvida sobre qual seguro contratar, eu recomendo fazer uso do *site* Compara *online* (www.comparaonline.com.br/seguro-viagem), pois nele você poderá verificar com calma mais de uma centena de ofertas de seguro de viagem, escolhendo a mais completa e conveniente, seguindo seus almejos e expectativas sobre os valores praticados. Uma vez que todas as suas exigências e necessidades forem supridas, é hora de adquirir a apólice. A dica é comparar sempre os preços e as coberturas e nunca deixar de fazer o seguro-viagem.

11.2 Outros países que exigem o seguro-viagem

Na Antártica, para visitar a Terra Australis, é necessário seguro-viagem, que inclui cobertura de saúde e é uma norma obrigatória em todos os navios de cruzeiros que fazem escalas nesse continente. Devido também à grande distância do continente, às baixíssimas temperaturas e às condições adversas do terreno, deve-se fazer um seguro de viagem especial. Este é um dos itens cobrados pelas companhias de cruzeiros para os que desejam visitar o continente antártico.

Austrália, Catar, Emirados Árabes, Equador e Tailândia exigem a contratação do seguro-viagem, mas não dizem quais devem ser os valores mínimos de cobertura. Cuba, a ilha de Fidel Castro, exige um seguro-viagem com cobertura mínima de 10.000 dólares somente para assistência médica, não menciona outras exigências de cobertura. Venezuela, nosso país vizinho, adotou uma cobertura de 40.000 dólares somente para a assistência médica, outras exigências que devem conter no seguro é a repatriação médica e funerária.

11.3 Como acionar o seguro-viagem?

Uma regra básica para qualquer caso que você precise fazer uso do seguro-viagem é ligar para a empresa contratada antes de ir para um hospital ou para qualquer outra necessidades ou sinistro que venham a acontecer. Nas emergências, o melhor é você já ter anotado em uma agenda todos os dados, principalmente o número do *voucher*, que será a primeira pergunta que o atendente lhe fará. A boa notícia é que a maioria das seguradoras fornecem atendimento em língua portuguesa e também aceitam ligações a cobrar. O canal de comunicação mais indicado para o contato é o telefone gratuito, porém a cada dia aumenta a quantidade de empresas que têm adotado atendimentos por WhatsApp, Skype, mensagens de SMS, entre outros.

11.4 Como solicitar o reembolso?

A regra de ouro é guardar todos os comprovantes comprobatórios caso surjam dúvidas e até cobranças indevidas futuras. Normalmente você pode pedir o reembolso em até 30 dias do término da vigência do seguro--viagem. Indague sobre esse procedimento no ato da contratação do seguro. Tire cópias de todas as despesas, exija recibos, notas fiscais e guarde todos os documentos que fornecerem, você vai precisar de todos. Os valores vão obedecer aos do contratado na apólice.

11.5 Certificado de Direito à Assistência Médica (Cdam)

Este certificado é um acordo internacional que garante o direito à assistência médica e hospitalar aos brasileiros, estejam viajando, estudando ou a trabalho, em hospitais públicos de outros países como se fossem cidadãos nativos. É um convênio entre países signatários de reciprocidade com o Brasil. O contribuinte da previdência tem direito à cobertura na rede pública desses países e vice-versa.

Os países são: Argentina, Cabo Verde, Chile, Espanha, Grécia, Itália, Luxemburgo, Portugal e Uruguai. Aos interessados, basta procurar presencialmente o Ministério da Saúde, apresentar a passagem e receber gratuitamente o cartão. A autorização vale por 1 ano e pode ser renovada caso seja necessário. Os documentos exigidos pelo órgão são: CPF, passaporte, RG e comprovante de residência (cópia e original de todos).

11.6 Acordos previdenciários bilaterais (PB4 e IB2)

O Brasil tem um acordo desde 1995, o PB4, firmado entre Brasil, Portugal, Itália e Cabo Verde, garantindo atendimento médico hospitalar no serviço público de saúde dos referidos países. Em todos eles é possível ter atendimento médico público de qualidade, basta que a pessoas estejam portando o documento. Todo cidadão estrangeiro desses países terá os mesmos direitos que os cidadãos locais. Este tipo de serviço pode ser usado por brasileiros e seus dependentes, e o mesmo acontece com estrangeiros no Brasil.

Não se assuste com pequenas taxas cobradas em Portugal nos ambientes que prestam atendimento médico. Elas são pequenas e os serviços prestados são muito bons, sendo o custo-benefício ótimo. A solicitação e a emissão podem ser realizadas pela internet, bastando acessar o *site* do Governo Federal (https://www.gov.br/pt-br/servicos/obter-certificado-de-direito-a-assistencia-medica). Não esqueça que a validade desse documento é de 1 ano, desde que o passaporte se mantenha válido nesse período. O PB4 não substitui o seguro-viagem, é uma exigência ter um para entrar na Europa.

Existe um acordo bilateral entre Brasil e Itália que se chama IB2, muito semelhante ao PB4. O documento também é fornecido pelo *site* do governo citado anteriormente. Para viagens curtas de férias ou a trabalho, a melhor opção é o seguro-viagem. Caso você vá se deslocar para a Itália com a intenção de fazer um intercâmbio, o melhor é contar com as duas proteções. Apesar de ter cobertura de atendimento médico, existem alguns pontos que o IB2 não cobre, como os relacionados a viagem ou aos traslados. Porém, se sua viagem para a Itália for por um período longo ou se está planejando morar no país, então o IB2 é o mais recomendado. Nesse caso, faça um seguro-viagem apenas para os primeiros 30 dias, dessa forma você terá cobertura de possíveis imprevistos durante a viagem, por exemplo, mala extraviada e problemas no período de adaptação.

Capítulo 12

Aeroportos

Quantas horas antes do voo deve-se chegar ao aeroporto? A resposta a essa pergunta terá muita diferença de opiniões. Pessoas que já conhecem os aeroportos vão sempre dizer que menos tempo basta. O fato é que a maioria das pessoas não conhecem ou conhecem parcialmente. Existem aeroportos gigantes, verdadeiras cidades, tornando o trabalho de quem não sabe onde encontrar cada portão de embarque muito mais difícil. A distância a ser percorrida no interior de alguns aeroportos pode ser enorme, exigindo grande esforço físico e certa demanda de tempo.

O melhor a ser feito é chegar ao aeroporto com pelo menos 3 horas de antecedência em voos internacionais, ou seja, sair de casa faltando 4 horas para o voo. Eu aconselho essa precaução, pois podem acontecer imprevistos no trânsito, acidentes que acarretem o fechamento da pista, entre outros sinistros que podem levar à perda do voo. Lembrando que o único caso em que você perde todos os seus direitos é não comparecendo a tempo da partida do avião.

Caso queira aproveitar o ambiente do aeroporto, existem estruturas modernas, suntuosas e muito funcionais em todos os continentes. São oferecidos serviços dos mais variados nas dependências dos aeroportos. Lojas e serviços são os mais comuns, como restaurantes, salas VIP, berçários, *lounges*, enfermarias, salões de beleza, entre tantos outros. Mas cuidado, somente parta para essa visitação depois de encontrar seu portão de embarque. Aconselho visitar apenas as lojas mais próximas, ficando sempre a poucos minutos do portão.

Outro cuidado a ser tomado é o de vigiar os painéis dos itinerários, pois eles contêm a hora da partida de cada voo, informam se o voo está atrasado ou não e principalmente o portão de embarque. Pode acontecer de o aeroporto mudar esse portão uma ou mais vezes, e você terá de se deslocar do antigo portão até o novo. Não se preocupe, essa prática é muito comum, mas na grande maioria dos casos você terá tempo suficiente para fazer esse deslocamento.

Aeroportos são identificados por três letras maiúsculas, normativa internacional que os identifica em qualquer lugar do mundo. A seguir estão alguns exemplos:

Alguns exemplos clássicos

ACA – Acapulco, no México
ADL – Adelaide, na Austrália
AKL – Auckland, na Nova Zelândia
AQP – Arequipa, no Peru
ARN – Estocolmo, na Suécia
BBU – Bucareste, na Romênia
BCN – Barcelona, na Espanha
BFS – Belfast, na Irlanda
BKK – Bangkok, na Tailândia
BOG – Bogotá, na Colômbia
BUD – Budapeste, na Hungria
CAI – Cairo, no Egito
CDC – Charles de Gaulle, em Paris
CTG – Cartagena, na Colômbia
EZE – Buenos Aires, na Argentina
FCO – Roma, na Itália
GRU – Guarulhos, em São Paulo
HKG – Hong Kong, Hong Kong
IST – Istanbul, Turkey – Ataturk
JFK – New York, USA – John F Kennedy
KUV – Kunsan, South Korea
LIM – Lima, Peru – Jorge Chavez
MAD – Madrid, Spain – Barajas
NAS – Nassau, Bahamas
OPO – Porto, Portugal
PUJ – Punta Cana, Dominican Republic
QSY – Sydney, NSW, Austrália
RAK – Marrakech, Morocco
SCL – Santiago, Chile – Com. Arturo M. Benitez
TUN – Tunis, Tunisia – Carthage

USH – Ushuaia, Tierra Del Fuego, Argentina
VCE – Venice, Italy – Marco Polo
WAT – Waterford, Ireland
XAP – Chapecó, Brasil
YTZ – Toronto, Ontario, Canada
ZAG – Zagreb, Croatia (Hrvatska) – Zagreb

12.1 Ainda sobre aeroportos, vale a pena saber

Hub aeroportuário – As companhias aéreas investiram muito no decorrer dos anos neste sistema que em suma é uma plataforma giratória de voos. Como se fosse um centro de conexão entre os voos de determinada companhia. Os interesses das companhias aéreas estão voltados para a logística e as vantagens competitivas, mas você pode aproveitar melhor seu trajeto e incluir escalas, conexões e *stopover* até o destino final. Uma pausa em viagens longas pode fazer muita diferença e evitar estresse. Agora que você está formalmente apresentado ao *hub*, é hora de usar as informações e aproveitar uma variedade enorme de reservas e tarifas.

Aeroporto fechado – Muito difícil de acontecer e na maioria das vezes acontece por condições meteorológicas adversas, de modo que a operação seja comprometida. Caso você se encontre em uma situação dessas, lembre-se de que todo passageiro tem por lei direito à assistência material, incluindo a reacomodação, e persistindo a situação deve ser reembolsado.

Atraso do voo – Neste caso, a empresa aérea é obrigada a oferecer a devida assistência ao passageiro. A forma será sempre pautada gradualmente conforme o tempo de atraso e, consequentemente, o tempo de espera de cada passageiro. O passageiro terá direito ao reembolso quando o atraso for superior a 4 horas, se o voo for cancelado ou se a causa for *overbooking*. O reembolso obedecerá aos critérios e formas de pagamentos praticados no ato da aquisição da passagem. A seguir você pode ver os direitos do passageiro e as obrigações das empresas de acordo com o tempo de atraso do voo:

Principais direitos em casos de atrasos ou cancelamentos de voo
Com mais de 1 hora de atraso: A companhia aérea terá de fornecer comunicação para o passageiro (telefone ou internet).
Com mais de 2 horas de atraso: A companhia aérea terá de fornecer, além de comunicação para o passageiro, alimentação, que pode ser um lanche e uma bebida.
Com mais de 4 horas de atraso: A companhia aérea terá de fornecer ao passageiro comunicação, alimentação e hospedagem, além de transporte do aeroporto até o hotel e vice-versa.
Com mais de 4 horas de atraso ou cancelamento do voo se o passageiro estiver no aeroporto de origem: Ele poderá embarcar no próximo voo da empresa para o mesmo destino, remarcar seu voo para uma nova data ou até mesmo receber o reembolso integral da passagem, incluindo tarifa de embarque.
Com mais de 4 horas de atraso ou cancelamento do voo se o passageiro estiver em escala ou conexão: Ele poderá embarcar no próximo voo para o destino final, seja ele da mesma cia ou de outra e a assistência material é mantida. Poderá receber o reembolso integral, incluindo tarifa de embarque, e retornar ao aeroporto de origem e a assistência material é mantida. Poderá concluir a viagem por outro meio de transporte (carro ou van) e a assistência material é mantida. Poderá remarcar o voo para nova data e a assistência material é suspensa. Poderá permanecer na localidade e receber o reembolso do trecho não utilizado e a assistência material é suspensa.

Overbooking – Expressão que exemplifica quando os viajantes compram uma passagem aérea, mas não podem embarcar por excesso de passageiros. As companhias aéreas usam várias formas para otimizar suas vendas e às vezes acontece de venderem mais passagens que o número de poltronas do voo. Também pode ser ocasionado por troca de aeronave, seja por motivos de manutenção ou por junções de voos e fechamentos de aeroportos devido a condições climáticas adversas.

Capítulo 13

Tickets e tours

13.1 Evite fila, compre ingressos antecipadamente

Ticket da Catacumba de Domitilla, Roma, Itália – 2013
Fonte: o autor

    As principais atrações turísticas ao longo dos cinco continentes são repletas de filas. Mesmo na considerada baixa temporada você estará sujeito a encarar uma filazinha. Porém, em muitos lugares é possível você marcar com antecedência sua visita e não pegar fila. Em muitos países, os museus e as atrações têm *sites* que permitem marcar a hora para a visitação.

Em Nova York, se você quiser agendar uma visita ao topo do edifício Empire State, basta entrar no *site* www.esbny.com e agendar, dessa forma você evitará filas enormes. O endereço do *site* dos Museus do Vaticano é www.rome-museum.com. Para visitar os monumentos em Pisa, na Itália, é www.opapisa.it. Em algumas atrações, somente é possível a visita com agendamento feito pelo *site*, como é o caso da Casa Rosada, em Buenos Aires, na Argentina (https://visitas.casarosada.gob.ar/), cujo agendamento tem de ser feito pelo menos com 15 dias de antecedência.

A maioria é gratuita, o melhor a ser feito é programar-se com antecedência. Uma vez escolhido os destinos, liste todas as atrações e pontos turísticos que deseja visitar. Faça uma consulta na internet sobre quais são de graça, quais necessitam de agendamento antecipado e quais são pagas. Nas que cobram pela visitação em suas atrações, sejam museus, galerias de arte, teatros, casas de espetáculos, *shows*, parques, excursões de todos os tipos, você pode comprar os bilhetes com antecedência também pela internet.

Algumas das mais tradicionais empresas de venda de ingressos são: Get your guide (www.getyourguide.com.br), Ticket master (www.ticketmaster.com), Festicket (www.festicket.com) e Civitatis (www.civitatis.com), todas com alto grau de confiabilidade e segurança. As dicas a seguir são de *sites* que podem auxiliá-lo na compra de *tickets* ou na contratação de *tours*:

Viamigo – O *site* mantém uma lista atualizada de guias de viagens, com informações pessoais, valores cobrados e como contratá-los em todos os lugares do mundo. Os serviços oferecidos vão desde guias privados, passeios personalizados, intérpretes, passeios de carro, guias turísticos, aventuras em todos os lugares e datas à sua disposição. Mais informações pelo *site* http://www.viamigo.com.

Lion World Travel – Com mais de 50 anos de atuação no continente africano, a empresa se especializou em safáris. Essa longa experiência gerou um nível de confiabilidade muito bom com os clientes. São especialistas em África, podendo criar sob encomenda um safári acessível para os interessados. As informações estão disponíveis no *site*: https://www.lionworldtravel.com.

Theme Park Insider – *Site* especializado em fornecer informações e dicas de parques temáticos do mundo todo. Possui amplo fórum de discussões sobre o tema, fornece guias de parques temáticos e possibilita a compra de ingressos com descontos. Maiores informações: www.themeparkinsider.com.

Brasileiros em Paris – *Site* especializado em dicas e informações, hospeda o "Blog de Dicas de Paris", que é uma ótima referência de turismo da Cidade Luz. Oferece também serviços de traslados, passeios e vendas de ingressos de todo tipo de atrações da cidade. O *site* é rico em informações turísticas, com destaque para o Parque Asterix. Acesse o *site* https://brasileirosemparis.com.

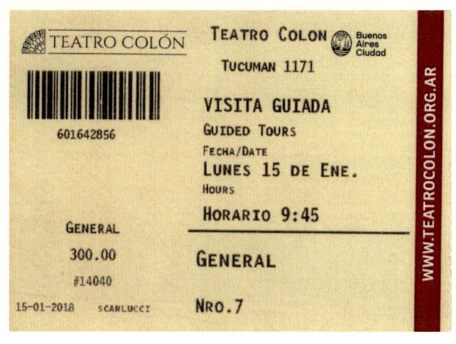

Ticket do Teatro Colón de Buenos Aires na Argentina – 2018

Capítulo 14

Imprevistos de viagens

14.1 Problemas causados por voos longos

Se existe algo em comum entre as companhias aéreas são os problemas causados pelos voos longos e demorados. Não adianta você escolher uma em detrimento de outra para tentar evitar esse tipo de problema. Os desconfortos durante os voos estão presentes em todas elas. Em um voo longo, o fuso horário do destino pode estar diferente 10 ou mais horas do local de partida. Isso estrangula os organismos de todos que ali estiverem. Também existem outros incômodos que os voos criam nas pessoas devido às condições especiais das cabines climatizadas e pressurizadas. Seguem explicações sobre os mais comuns:

Jet lag – Popularmente conhecida como "doença do fuso horário", em termos médicos é dissincronose. Não se assuste, é um sintoma biológico causado pela abrupta mudança de fuso horário, apenas isso. Pode se manifestar de muitas formas diferentes e as mais comuns são o cansaço e o estresse, que podem ou não vir acompanhados de sono e fome em horários não convencionais. Alguns pacientes já foram diagnosticados com dores no corpo e de cabeça, problemas digestivos, perda de memória e dificuldade de concentração. Passei por essa experiência voltando da Nova Zelândia para o Brasil. O *jet lag* me acometeu e passei dias muito improdutivos, sempre cansado e sonolento por volta das 14h e sem sono e bem-disposto a partir de 00h. Enfrentei o problema por uns sete dias seguidos e superei o problema não dormindo antes do horário certo mesmo quando o sono estava muito forte. É necessário que seu relógio biológico seja readequado com o antigo horário. Normalmente você poderá sofrer de *jet lag* em voos com durações superiores a quatro horas.

Baixa umidade do ar – Um dos vilões é a baixa umidade relativa do ar. Em grandes altitudes o clima é muito seco. A reciclagem da atmosfera dentro do avião é constante e isso faz com que o ar fique ressecado, perdendo umidade. As consequências são o ressecamento das mucosas, como olhos e nariz, levando à irritação e inflamação local. Lentes de contato também podem ressecar, causando grande desconforto aos olhos. Os passageiros também podem apresentar sede nessas condições. Tomar bastante líquido pode ajudar a diminuir o estresse durante o voo.

Mal do movimento – É como é conhecida a cinetose, doença que causa enjoo e náusea pelo movimento do avião, perturbando o equilíbrio normal. Na maioria das vezes o problema desaparece quando o movimento cessa. Outros sintomas, como fadiga, tontura e vômitos podem acontecer. Evite fazer uso de bebidas alcóolicas, fumar e comer em excesso antes de voos longos.

Edema periférico – Popularmente conhecido como "extremidades inchadas", na prática são as mãos e pernas inchadas resultantes de um voo longo. Existem casos em que mal dá para calçar os sapatos após a viagem. Normalmente o passageiro fica sentado em assentos apertados e com a pressão do ar dentro do avião mais baixa. Se isso acontecer com você durante o voo, levante-se e comece a andar pelo corredor do avião fazendo alongamento nos braços e pernas e nas extremidades (cabeça, mãos e pés) e fazendo movimentos circulares. Uma boa massagem nas partes afetadas pode ajudar muito.

Ouvido entupido – Muito comum em voos e viagens longas, parece ser um mal passageiro e simples, mas pode se agravar e levar até ao rompimento do tímpano. A manobra de Valsalva é bem simples e eficaz nessa hora. Prenda a respiração segurando o nariz com os dedos e force a saída de ar, fazendo pressão.

14.2 Informações no exterior – *I-Centers*

Eis que você está em um país estrangeiro e tem dúvidas sobre determinado endereço ou sobre certo tipo de atração turística, o que você faz? A princípio serão dezenas de respostas, desde as mais inteligentes até as mais estapafúrdias e porque não dizer cômicas. Não se assuste, é assim mesmo, nós brasileiros somos suscetíveis aos problemas, afinal de contas somos um povo que não desiste nunca, não é verdade?

Pois bem, mas estamos tratando de uma viagem internacional, cuja preparação demorou meses e que custou uma soma considerável de dinheiro, não podemos estar fadados ao "jeitinho brasileiro" nessas ocasiões. A maioria dos países que recebem um elevado número de visitantes possuem centros de informações ao turista. O nome internacional para esses locais de atendimento é *I-Centers*, mas cada país mantém suas normas e diferentes nomes.

Na prática, usam de muita experiência fornecendo informações imparciais e amigáveis. São postos de informações localizados nas proximidades de grandes atrações e em aeroportos e portos. Sempre que posso, durante as viagens dou um jeito de visitá-los. Em Auckland existe um dentro do aeroporto, o i-SITE, centro de informações para visitantes da Nova Zelândia, e foi nele que comprei os adaptadores de tomada assim que cheguei ao país, poupando um tempo considerável de procurar no comércio local.

Outro bom exemplo aconteceu comigo em Colônia del Sacramento, no Uruguai. Eu tinha acabado de entrar no país, chegando de Buenos Aires. Atravessei o Rio da Prata usando um *ferryboat*, e logo na entrada da cidade pude fazer uso de um centro de informações completíssimo, onde me forneceram Wi-Fi, informações, fôlderes e mapas gratuitamente.

Em alguns locais, eles vão muito além de um simples posto de planejamento e informações de itinerários, muitos fazem reservas de hotéis e de todos os tipos de deslocamentos e estão preparados para lhe atender em todas as suas demandas de turista. Você terá à sua disposição uma diversidade de atividades e atrações, como restaurantes, bares, discotecas, museus, centros culturais, parques, jardins, áreas de artesanato e muito mais. Até informações meteorológicas você consegue obter e tudo isso em várias línguas diferentes.

Tenha consciência de que alguns locais não dispõem desse material em língua portuguesa. Você terá de se virar na maioria dos casos com material em espanhol ou inglês. Digo isso como quem vivenciou essa situação na Nova Zelândia no ano de 2010. Não encontrei fôlder em português e o pior: não havia passeio ou excursão com guia que falasse nem mesmo espanhol. A situação me obrigou a usar folhetos em inglês e a participar de excursões com guias em italiano. Por sorte conheço o idioma e deu pra aproveitar bem as explicações. No Chile, a empresa Turistik faz esse papel de auxílio aos turistas, eles estão presentes na maioria das atrações prestando informações e também vendendo pacotes turísticos, passeios, entre outros.

Em resumo, quando você estiver em viagem e precisar de informações seguras e práticas procure pelos centros de informações, ou melhor, já leve os nomes e endereços anotados desde a partida do Brasil. Pode fazer a diferença em algumas situações.

14.3 Fenômenos naturais, instabilidade política e terrorismo

Não são tão frequentes, mas também não são incomuns os acontecimentos ligados a catástrofes naturais, revoluções, guerras e, mais recentemente, o terrorismo afligindo turistas pelo mundo. Esses infortúnios podem render muita confusão e aborrecimento, basta se imaginar no meio de um desastre natural em um país estrangeiro.

Situações adversas tendem a transformar coisas simples em tarefas intermináveis. O planeta está envolto de fenômenos naturais e alguns acontecem com periodicidade regular, como é o caso de furacões no Caribe, tornados nos EUA, terremotos no Tibet, Chile, Itália e Nova Zelândia e tsunamis no Japão e países do Oceano Pacífico. Caso você se encontre no meio de algum evento causado por forças da natureza, o melhor a ser feito é procurar primeiro ajuda das autoridades locais e em seguida procurar a embaixada brasileira de seu local de destino. Tenha sempre anotado o endereço e os números das embaixadas dos países que você estiver visitando, assim como os números de emergência de bombeiros, polícia, ambulância, defesa civil e tudo mais que preste algum tipo de socorro ou auxílio emergencial.

14.4 Idiomas diferentes: o que fazer?

O idioma pode realmente atrapalhar os planos de quem pretende realizar uma viagem internacional. Na hora de escolher um país para conhecer, a língua diferente pode se transformar em um fantasma e motivar a troca do destino ou até a desistência da viagem. A pergunta então é: Como viajar para o exterior sem falar o idioma local ou pelo menos o inglês básico? Não é tarefa das mais fáceis, mas não é impossível. A dificuldade de comunicação vai amedrontar o viajante em todas as fases da viagem.

Minha primeira viagem foi para a Nova Zelândia, país que tem como línguas oficiais o inglês e o maori. Eu não falo nenhuma delas. Por trás dessa viagem estava também um sonho muito grande e ele foi maior que o medo. Este é o principal conselho nesse caso: siga em frente com seu sonho, vá conhecer o destino internacional que deseja. Caso o local seja um país de língua espanhola, você não terá tantas dificuldades, pois conseguirá entender muito do que for dita, e os nativos lhe compreenderão muito mais do que você a eles. Se esses países forem os de língua espanhola da América do Sul, suas preocupações diminuirão significativamente, pois o espanhol falado pelos nossos vizinhos *hermanos* é conhecido como "portunhol", uma mistura de espanhol e português, o que facilita e muito a vida dos brasileiros.

Se a grana está sobrando e mesmo assim o medo persiste, contrate viagens guiadas, a empresa fornecerá serviços com guia em português do início ao fim. Mas se seu destino é outro e seu orçamento é um pouco mais apertado, então sugiro tomar alguns cuidados, pois o nível de dificuldades aumentará sensivelmente. Voltemos à minha experiência de viagem pela Nova Zelândia, na qual por 15 dias falei português no local apenas com minha filha e vice-versa. Foram dias bons e engraçados, recheados de situações inusitadas, amenizadas apenas pela precaução de atitudes tomadas antes e durante a viagem.

O remédio que foi bom para uma pessoa não significa que será para outra, os dedos das mãos não são iguais, mas acho que em alguns casos pode dar certo. A minha experiência com inglês na terra do kiwi foi razoável e aprovada. Em primeiro lugar, você deve listar todas as situações que vai passar e vivenciar durante a viagem, da saída do Brasil até a chegada de volta. Repito: **tudo mesmo**. Uma vez que esteja tudo devidamente anotado, contrate uma professora na referida língua e treine com ela todas essas situações. Comece seu treinamento com as situações rotineiras dentro do avião. As aeromoças a bordo, independentemente da companhia aérea, com certeza serão aptas a falar português e a língua do destino, é quase uma regra na aviação. Mentalize as situações dentro do avião que podem ser usadas e as fora dele também. Perguntas simples como "Onde fica o banheiro?", "Pode me dar um copo d'água, por favor?", "Que horas são?" devem ser treinadas no idioma estrangeiro e as respostas dos atendimentos devem vir com "Muito obrigado" na referida língua.

Dica importante: no exterior, seja gentil sempre, isso pode abrir portas e salvá-lo de complicações. Depois do voo, o próximo passo será o ambiente do aeroporto, desde o pouso até a retirada das malas na esteira. Muitas situações podem exigir pequenos diálogos, você terá de passar pela imigração e descobrir onde pegar a bagagem. Treine essas situações e tenha as frases certas prontas. Se aparecerem situações em que for impossível o diálogo, use a verdade, diga que você é brasileiro e que não fala inglês (*I'm a Brazilian tourist, I don't speak English*). Caso você esteja se sentindo seguro com o inglês e não consegue entender somente porque estão falando rápido demais, então mude de tática, peça para que falem devagar (*I am a Brazilian tourist, slow down please*).

Uma vez superados os primeiros contatos, agora você terá um convívio infinitamente maior com o idioma diferente na hospedagem em hotéis, pegando táxis, frequentando restaurantes, conversando com garçons e atendentes diversos, excursionando e tudo mais em uma língua que você não domina. Para minimizar possíveis dissabores, contrate guias em português para as excursões, mas dependendo do local não será fácil de achar ou será muito caro. Nessa situação, dê preferência para guias em espanhol ou, na falta destes também, vá de italiano, língua latina com mais de 50.000 verbetes, em que pelo menos uns 5.000 também existem no português.

Por último, é infalível o dedo indicador apontando para o item de desejo, "This one" seguido de "What is this?" e de "How much?". Aprenda as principais palavras do idioma local, muitas você já ouviu ou até usa no dia a dia. Pesquise sobre o destino antes da viagem, enriqueça seu vocabulário com as palavras e expressões mais usadas, familiarize-se com a cultura local e lembre-se de que a internet está à sua disposição, é uma aliada barata. Consulte o *site* oficial de turismo do país, nele com certeza constarão informações para auxiliar o turista com dificuldades. Algumas palavras você deve aprender ou, se for o caso, decorar, pois são de uso cotidiano, como dar ou responder a um cumprimento, agradecer, pedir "por favor", confirmar uma situação com "sim" ou negar com "não".

Os nativos em qualquer lugar do mundo não são encrencados com turistas, na maioria dos casos eles possuem aversão aos imigrantes ilegais, o turista está apenas visitando o país deles e deixando dinheiro, eles vão ser educados e demonstrar simpatia. Aplicativos de tradução, mapas e guias de conversação também podem ajudar. A seguir eu separei alguns fatos e curiosidades sobre as línguas de determinados países:

<u>Países que falam português</u> – A língua portuguesa está presente em quatro continentes: África, América do Sul, Ásia e a Europa. É a língua oficial em oito países: Angola, Brasil, Cabo Verde, Guiné-Bissau, Moçambique, Portugal, São Tomé e Príncipe, Timor Leste e em Goa, na Índia, que foi uma possessão portuguesa até 1961. O português aparece em listas entre o quinto e o nono idioma mais falado do mundo, com cerca de 260 milhões de pessoas aproximadamente. O turismo entre os falantes dos países de língua portuguesa tem crescido muito. Esses viajantes têm em comum tradições, costumes e a comodidade de ouvir sua própria língua na viagem. São fatores importantes que têm um peso grande na hora de decidir o destino.

Fonte: https://www.facebook.com/PaisesQueFalamPortugues/photos/a.3762100650547484/3762100610547488. Acesso em: 29 dez. 2021

<u>As línguas mais faladas no mundo</u> – Existem mais de 7 mil idiomas falados no planeta Terra, apenas na Papua Nova Guiné são faladas 840 línguas, na Indonésia, 711, e nos Estados Unidos, 328. O homem, ao longo do tempo, busca entender e se comunicar com nativos de todas as partes do planeta e os motivos vão desde o aprendizado de um novo idioma à prática do comércio. Muitas línguas já tiveram importância global, um exemplo recente é o francês e de tempos mais remotos o grego e o latim, que perderam sua hegemonia. Na atualidade as línguas mais faladas acabam refletindo a importância econômica do país que as representa. O mandarim vem ganhando cada vez mais espaço e o inglês é a língua universal. Na atualidade as 10 línguas mais faladas do mundo são: o inglês com 1.268 milhões de falantes, o mandarim com 1.120 milhões, o hindi com 637 milhões, e espanhol com 538 milhões, o francês com 277 milhões, o árabe com 274 milhões, o bengali com 265 milhões, o russo com 258 milhões, o português com 252 milhões e o indonésio com 199 milhões.

Fonte: https://www.ethosonline.com.br/noticia/10668/os-segredos-de-quem-fala-dezenas-de-idiomas. Acesso em: 29 dez. 2021

<u>Países da América do Sul</u> – Cada vez mais os brasileiros têm preferido viajar para países vizinhos. Ao escolher um destino da América do Sul, é possível associar vários atrativos em uma única viagem. A proximidade com o Brasil é um fator decisivo para pessoas que não gostam de passar 10 horas ou mais dentro de um avião. As passagens são mais baratas devido às distâncias serem menores, a língua falada é o espanhol e em muitos locais se fala o portunhol (mistura de espanhol com português), fatores que também contribuem na tomada de decisão. A maioria das moedas desses países são menos valorizadas que o real brasileiro e isso sem dúvida é um atrativo. Quem escolhe a América do Sul como destino garante a visita a cidades e lugares lindos e maravilhosos. Não deixam a desejar em nada e não perdem para nenhum outro continente, o viajante pode escolher entre cidades belíssimas, museus importantes, desertos, lagos, neve, zoológicos, cidades históricas, a Cordilheira dos Andes e muitos outros lugares incríveis que valem a pena conhecer. A seguir estão informações sobre os países da América do Sul que podem ajudá-lo em sua viagem caso escolha um deles como destino:

Países da América do Sul

País	Capital	Língua	Moeda
Argentina	Buenos Aires	Espanhol	Peso Argentino
Bolívia	La Paz	Espanhol	Boliviano
Chile	Santiago	Espanhol	Peso Chileno
Colômbia	Bogotá	Espanhol	Peso Colombiano
Equador	Quito	Espanhol	Dólar Americano
Guiana	Georgetown	Inglês	Dólar Guianense
Guiana Francesa	Caiena	Francês	Euro
Paraguai	Assunção	Espanhol	Guarani
Peru	Lima	Espanhol	Nuevo Sol
Suriname	Paramaribo	Holandês	Dólar do Suriname
Uruguai	Montevidéu	Espanhol	Peso Uruguaio
Venezuela	Caracas	Espanhol	Bolivar Venezuelano

Fonte: elaborado pelo autor

14.5 Previsão do tempo para viajar

É muito importante se informar sobre a previsão do tempo no período que estiver viajando. Os sites de meteorologia são ferramentas muito úteis e podem fornecer informações minuciosas sobre as condições atmosféricas futuras, permitindo planejamentos antecipados. Em uma visão simplista, se sabermos que vai chover, levamos o guarda-chuva, avaliamos a rota e as condições da via pela qual vamos passar. Sempre buscar a previsão do tempo faz parte dos ensinamentos primários para viagens internacionais. O sentimento de frustração quando chove é grande, além da obrigatoriedade de fazer mudanças no roteiro da viagem. Mas não desanime, é algo muito comum e pode ser paliativamente resolvido.

Em dias chuvosos, recomendo aproveitar o período diurno para conhecer a gastronomia local, visitando restaurantes que servem comidas típicas. Outra boa saída é fazer um *tour* cultural em ambientes fechados, como museus, casas de espetáculo tradicionais e teatros ou comprar *souvenirs*, visitando os *shoppings* e os *outlets*. Por último, tire a noite para um descanso, pois viagens ao exterior sempre são cansativas. Aproveite para fazer pacotes, arrumar a mala, ligar para o Brasil e, se for o caso, durma um pouco, descansar sempre será uma boa opção.

Nesse contexto a pergunta frequente é "Como saber com antecipação o clima que fará meses depois?". Graças à tecnologia existem vários *sites* de previsão do tempo confiáveis que possuem dados históricos que permitem afirmar com margem de segurança prováveis datas de chuva. Atreladas a esses dados também são fornecidas informações importantes sobre temperatura que podem ajudar a definir seu traje. As informações são confiáveis, fornecidas por *sites* renomados e de grande credibilidade e com margem de acerto muito grande.

Leve em conta que as intempéries e climas atípicos podem acontecer. Digo por experiência própria. Passei o réveillon de 2014 em Roma, virada do ano na cidade eterna, tudo de bom, só que o clima não ajudou e mudou drasticamente devido a uma frente fria vinda da Sibéria, que abaixou a temperatura para 8º Celsius com sensação térmica de 5º. Contra as forças da natureza não há muito o que fazer, a solução foi usar três calças e cinco blusas e aproveitar assim mesmo, afinal de contas um turista passando o Ano-Novo em Roma não pode se abater com adversidades do tempo. Dois *sites* se destacam na previsão do tempo internacional, o Wheather Channel (https://weather.com) e o Accu Weather (https://www.accuweather.com).

14.6 Plugues de tomada pelo mundo afora

Pense em uma coisa pequenina, aparentemente inofensiva, mas que pode lhe render inúmeros infortúnios. Se você pensou nos plugues de tomada, você acertou. É muito importante saber com antecedência quais são os tipos de plugues de tomadas que lhe aguardam nos destinos. Mas será que uma coisa assim pode afetar tanto uma viagem? Sim. Acredite, sem a devida conexão ficará impossível carregar as baterias de seus aparelhos eletrônicos. Não será possível usar as tomadas elétricas e, consequentemente, seu celular, máquina fotográfica, *notebook*, secador de cabelo, prancha e tudo mais ficarão impossibilitados de uso se o hotel possuir tomadas de encaixe de plugues diferentes dos seus.

Imagine você fazer turismo e não ter bateria suficiente para tirar aquela foto ao lado da maior atração turística do destino? Estar ao lado de um personagem famoso e não poder fazer um vídeo curto para redes sociais também pelo mesmo motivo? Os inventores dos plugues são os americanos, logo em seguida a Europa criou os seus, diferente desses, e hoje existem mais de 15 tipos de plugues de tomadas utilizados no mundo. Junta-se a isso o fato de que cada uma das opções possui um tipo representado por uma letra do alfabeto, que vai de A a N. Me pergunto o porquê dessas diferenças todas. A lógica mais racional deve estar embasada em disputas comerciais e direitos autorais, mas não consegui encontrar confirmação disso.

Principais plugs de tomada

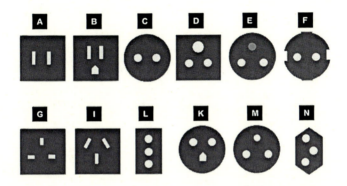

Fonte: o autor

    O fato é que suas memórias de viagem não podem correr esse risco, sendo muito importante estar equipado com acessórios que supram essas necessidades. Ao chegar a um país estrangeiro e não possuir os plugues corretos, a primeira coisa a ser feita é começar imediatamente a procurar para comprar. Nessa hora pode acontecer de o hotel ter algum e lhe emprestar ou informar um endereço de uma loja que venda esse tipo de produto. E se você chegar em um domingo ou feriado e a referida loja só vai abrir no dia seguinte ou até mais dias para frente? Se você for otimista e estiver com sorte, o comércio local ainda pode estar aberto, mas qual a distância a ser percorrida até o local e quanto vai custar essa locomoção? Não menos importante, quanto tempo essa emergência vai levar? Vale lembrar que você acabou de chegar de um voo internacional e deveria estar descansando ou fazendo turismo.

Esse tipo de imprevisto acontece muito e pode ser evitado de maneira relativamente simples. Para tanto, basta adquirir alguns facilitadores com antecedência. O primeiro da lista é o adaptador universal. Certifique-se de que cada integrante da viagem tenha o seu. Esse tipo de aparelho é muito usado em viagens internacionais e funciona perfeitamente, pode comprar e usar sem medo.

Adaptador universal

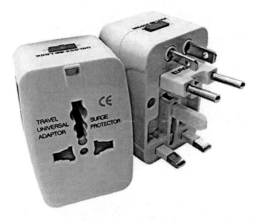

Fonte: https://produto.mercadolivre.com.br/MLB-1878057102-adaptador-tomada-internacional-viagem-volta-mundo-universal-_JM?searchVariation=84002753091#searchVariation=84002753091&position=21&search_layout=stack&type=item&tracking_id=-c7d47456-8555-4d13-a87f-3176dc4b5a2b. Acesso em: 29 dez. 2021

Filtro de linha

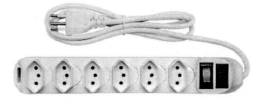

Fonte: https://www.americanas.com.br/produto/3760384959?pfm_carac=filtro-de-linha--regua&pfm_index=13&pfm_page=search&pfm_pos=grid&pfm_type=search_page&offerId=611fa42609c351890dcd99b7#&gid=1&pid=2. Acesso em: 29 dez. 2021

Outro muito útil é o filtro de linha, dispositivo equipado com um fusível (é bom levar um fusível de reserva por precaução) que oferece proteção contra raios, picos de tensão e sobrecarga da rede elétrica, podendo preservar seus aparelhos em caso de algum desses sinistros. Um filtro de linha com seis tomadas deve ser o bastante, pois possibilitará o uso de seis aparelhos ao mesmo tempo, além de ter um cabo mais longo e poder ser usado como extensão.

14.7 Tabelas de conversão: calçados e roupas

Esse assunto é recorrente em quase todas as viagens e quase todos que se aventuram pelo exterior se esquecem desse detalhe. Um dilema para os apaixonados por compras é chegar ao destino e descobrir que as medidas são diferentes. Isso acontece porque cada país tem sua liberdade de adotar as medidas de acordo com o biotipo de sua população e utiliza medidas diferentes, com padrões métricos específicos e grande parte são muito diferentes dos utilizados em terras tupiniquins.

Isso é recorrente principalmente com as roupas e os calçados. As medidas diferentes entre os números confundem o consumidor na hora da compra. Mas também é um problema de fácil solução, que passa por entender tais medidas e conhecer os tamanhos de ambos os lugares, do Brasil e de onde está comprando. Leve sempre uma tabelinha pronta com você (como a do exemplo a seguir), pode ser de grande valia. **Recomendo sempre experimentar tudo e ter uma fita métrica com você, assim você eliminará as chances de erros.**

Principais diferenças entre unidades de medidas

Camisas sociais						
Brasil e Europa	36	37	38	39/40	41	42
EUA e Grã-Bretanha	14	14,5	15	15,5	16	16,5
Ternos e pulôveres						
Brasil e Europa	44	46	48	50	52	54
EUA e Grã-Bretanha	34	36	38	40	42	44
Sapatos masculinos						
Brasil	39	40	41	42	43	44
EUA	7,5	8,5	9,5	10	11	12
Europa	41	42	43	44	45	46
Blusas femininas						

Brasil e Europa	38	40	42	44	46	48
EUA	30	32	34	36	38	40
Grã-Bretanha	32	34	36	38	40	42
Vestidos e casacos						
Brasil e Europa	36	38	40	42	44	46
EUA	8	10	12	14	16	18
Grã-Bretanha	30	32	33	35	36	38
Sapatos femininos						
Brasil	34	35	36	37	38	39
EUA	5,5	6	7	7,5	8,5	9
Europa	36	37	38	39	40	41

Fonte: https://www.camisariaturquesa.com.br/tabelas-de-conversoes-de-medidas-brasil--x-exterior/. Acesso em: 29 dez. 2021

14.8 Defeitos nas acomodações e propaganda enganosa

Convenhamos, depois de meses de preparação e de esforço disciplinado para conseguir economizar e fazer investimentos diversos que uma viagem exige, você chega a seu destino e percebe que algo está diferente do serviço contratado. Não é nada animador, mas o problema tem de ser enfrentado, sendo na grande maioria dos casos enganos que podem ser solucionados mediante reclamação. **Guarde tudo** desde o início da preparação da viagem, os *e-mails*, orçamentos, recibos e tudo mais que lhe tenha sido oferecido por folder impresso ou em mídias sociais, como WhatsApp e Facebook, e qualquer tipo de propaganda. Essas informações podem ser úteis em um ressarcimento futuro via ação judicial.

Se acontecer de você chegar ao hotel e se deparar com alguma coisa fora do anunciado, dirija-se imediatamente à recepção e faça uma reclamação. Ter de passar por problemas em viagens podem acabar em dores de cabeça, mas também podem ser resolvidos com um pouco de boa vontade de ambos os lados. A paciência será sua melhor amiga, pois você está em um país estrangeiro, longe de sua casa e o que você mais deseja é curtir sua viagem. Tenha isso sempre em mente, esse é o pensamento que deve prevalecer, somente pensar em ressarcimentos futuros caso não tenha sido possível resolver a situação.

A maioria dos problemas estão de alguma forma interligados ou são oriundos da falta de reserva ou de esta ter sido realizada em condições inferiores às contratadas. São muito comuns também defeitos em camas, ar-condicionado e na parte hidráulica da unidade habitacional. Falta de higiene e produtos que causem alergias podem ser motivo de reclamação também, exija a troca e a limpeza. Ressarcimento por prejuízos e furtos devem ser relatados.

A propaganda enganosa pode ser resolvida totalmente ou amenizada, tente entrar em um acordo com a direção do hotel, com jeitinho é possível ganhar até *upgrade* de quartos. Mas existem situações em que os acordos não serão possíveis e você deve se preparar para na volta procurar seus direitos. Hotéis atuam com imprevistos e isso pode gerar um fator de risco jurídico adicional, uma vez que ele lida com os sonhos de seus hóspedes, que somente estão ali em férias, de lua de mel etc. Essas falhas na prestação dos serviços contratados ultrapassam o valor material, porque se referem a danos morais, o que acarretará sentenças de valores mais altos do que a simples devolução do valor do contrato.

14.9 Consulados e embaixadas: o que esperar?

Você sabe a diferença entre consulado e embaixada? Se sua resposta for negativa, não se preocupe, pouca gente sabe. A maioria entende como um porto-seguro para brasileiros no exterior, o que não é bem assim. Antes de mais nada, faz-se necessário compreender as principais diferenças entre eles:

Consulados – Têm seu atendimento voltado para os casos relacionados e envolvendo cidadãos brasileiros no exterior. Os atendimentos servem para tirar dúvidas em atendimentos presenciais e *online* nos mais diferentes assuntos, sendo os mais comuns relacionados com repatriações, hospitalizações e prisões. Na parte de prestação de serviços, atendem brasileiros e estrangeiros interessados em emissões de vistos, passaportes e serviços cartorários diversos, entre muitas outras funções.

Embaixadas – Estas por sua vez, têm destinação um pouco diferente, tratam dos assuntos da Política Externa Brasileira, a exemplo os relacionados com o meio ambiente, comércio e cooperação internacional. Normalmente a embaixada conta com apenas uma representação em cada país, quase sempre instalada na capital federal.

Caso necessite contactar o Brasil no exterior, o consulado será sempre a melhor opção. No decorrer dos anos, as várias funções dos consulados vêm aumentando a fim de que seja oferecido aconselhamento e assistência a seus cidadãos. As funções mais procuradas são: emissão de registros de nascimento, casamento, óbito e procuração pública; apostilamento de documentos; autorização de viagem para menores; autenticação de cópias de documentos; assuntos militares e eleitorais, além de possíveis oportunidades de trabalho e relações culturais com o país receptor, entre muitos outros.

Os consulados também possuem suas limitações, estão impedidos de:

- emitir Carteira de Identidade (competência das Secretarias de Segurança Pública), Registro Nacional de Estrangeiro (Polícia Federal), Carteira Nacional de Habilitação (Departamento de Trânsito – Detran ou Departamento Nacional de Trânsito – Denatram) e atestado de antecedentes (Polícia Federal ou Secretarias de Segurança Pública);
- responsabilizar-se por contratos, dívidas ou despesas de qualquer natureza de brasileiros no exterior, assim como interferir em questões de direito privado, a exemplo dos direitos do consumidor e questões familiares em litígios com os nativos;
- fazer a tradução de documentos ou atuar como intérprete;
- remarcar voos ou recuperar bagagem extraviada;
- custear despesas médicas ou advocatícias de nacionais no exterior (talvez este item seja o mais procurado), sendo proibido também oferecer empréstimos a brasileiros.

Nas repatriações, é feito contato com a família para que providencie o devido auxílio. Em casos de calamidades, a situação é tratada diferente e o cidadão pode até ser repatriado por conta do consulado. Durante o planejamento de sua viagem, procure e anote os endereços dos consulados brasileiros de todos os países de seu roteiro. Tenha em mãos o endereço físico, o eletrônico e os telefones.

Capítulo 15

Dinheiro, taxas e alfândega

15.1 Recebendo dinheiro no exterior

Caso você decida fazer uma transferência de dinheiro para sacar no exterior, existem algumas plataformas que têm se destacado pelas baixas taxas cobradas. Quando o assunto é dinheiro, instintivamente a melhor opção será sempre a que tiver perdas menores. Fomos ensinados assim por nossos pais e automaticamente respondemos dessa forma com numerários. A pesquisa será uma ação contínua nesse tema. Você deve pesquisar sobre as taxas, o prazo de transferência e a localização de onde retirar o dinheiro para decidir qual a melhor opção. Observe empresas que já sejam consolidadas e estabelecidas no Brasil ou que pelo menos tenham reconhecimento e autorização do Banco Central para atuar no país.

As opções são muitas e a cada dia surgem mais bancos que prestam esse tipo de serviço. Listei algumas plataformas de transferência internacional que são as mais usadas: Remessa Online, TransferWise, Wester Union e MoneyGram. Todas basicamente operam da mesma forma, você realiza um cadastro *online* no *site* ou aplicativo da plataforma, compra a moeda internacional via cartão de crédito ou por transferência de dinheiro, informa os dados para a transferência bancária e em seguida são enviadas as instruções. As formas desse pagamento, os prazos nas transações e as tarifas variam muito de uma para outra e dependem das leis e regras de cada país onde a empresa está sediada e, claro, do valor em dinheiro transferido.

Conheço os serviços da TransferWise e me serviu em uma situação de envio de dinheiro para Portugal. Não uso plataformas para enviar dinheiro ao exterior quando o assunto são viagens. O motivo é simples: não tenho e não uso tanto dinheiro que possa perder um valor significativo em operação de câmbio. Sempre levo comigo os valores em espécie e faço uso de cartões de crédito caso precise e em emergências. Resumindo, ainda não inventaram a forma perfeita de levar dinheiro para o exterior. Entendo que nessa hora o melhor a ser feito é praticar a combinação das diversas opções disponíveis conforme lhe for mais conveniente.

15.2 Dinheiro no exterior: quanto e como levar?

A legislação vigente incumbe a Receita Federal como o órgão competente de fiscalização, e todo viajante é obrigado a declarar os valores em dinheiro que ultrapassarem R$ 10.000,00 ou seu equivalente em moeda estrangeira. Caso você seja portador de valores superiores, está obrigado a preencher a Declaração Eletrônica de Bens de Viajantes (e-DBV) e apresentá-la à fiscalização aduaneira. Esse procedimento não acarreta sanção ou multa, porém ser pego com valores superiores e não ter feito a declaração pode levar à perda desses valores e você pode responder a um processo. Essa cota é individual, então, caso esteja levando R$ 20.000,00 em dinheiro vivo para o exterior, antes de passar pela alfândega faça a divisão do dinheiro com outro membro da viagem. Dessa forma, cada um passará a ser portador de R$ 10.000,00, ficando ambos sem a necessidade de fazer a declaração.

No exterior, o ideal é levar dinheiro e fazer uso de cartões de crédito, alternando entre uma compra e outra a forma de pagamento. As duas se completam e trazem maior segurança para o viajante. Para o transporte, segurança e proteção de dinheiro durante viagens, ainda não existe uma fórmula infalível, porém existem bons conselhos e métodos que foram usados e que funcionaram a contento. O grande ensinamento é nunca colocar todos os valores em um único lugar. A sugestão é dividir os valores em pelo menos quatro partes. Deixe a primeira com algum membro da viagem que seja de confiança, mantenha a segunda sempre na carteira (use-a sempre no bolso da frente da calça), deixe a terceira bem protegida na mala de mão trancada dentro do quarto de hotel e coloque a quarta na doleira, que vai estar sempre colada a seu corpo. Caso aconteça algum sinistro, você não perderá mais que 25% de seu dinheiro, o que no máximo obrigará você a fazer adequações durante o passeio sem o comprometimento da viagem toda se tivesse perdido 100% do valor.

O uso de dinheiro vivo no exterior é o mais arriscado, principalmente por conta de roubos, mas vem se tornando uma vantagem significativa por se contrapor às taxas cobradas de Imposto sobre Operações Financeiras (IOF) nas operações com cartões de crédito. Quando trocar o dinheiro, procure ter sempre notas menores para evitar transtornos com troco em táxis e estabelecimentos comerciais. Prudência e atenção são poderosas aliadas nessas situações. Quando for fazer compras, dê preferência para locais que aglutinam muitos vendedores, pois facilita muito a logística da viagem. Organize suas compras na mala à noite, vá arrumando um pouco todos os dias, assim você economizará muito tempo no dia da volta.

15.3 Cartões de crédito

Depois do passaporte, o cartão de crédito é seu maior aliado no exterior. Sem o passaporte você nem chega a viajar, ele é o documento essencial para qualquer viagem. Já o cartão de crédito pode salvá-lo em algumas situações indesejáveis, como: sacar o limite de crédito em dinheiro na hora de um sufoco, usar esse limite de crédito deixando dinheiro em espécie para emergências e usar o cartão em situações importantes que por algum motivo o orçamento não contempla.

Muito útil e prático, o cartão de crédito é o meio de negociação mais aceito no mundo, tendo em vista a desconfiança com notas falsas em determinados locais e o desconforto de ter de carregar volumes grandes de dinheiro vivo. A utilidade dele em viagens é imensurável, você usará o cartão de crédito no *check-in* do hotel para garantir gastos no frigobar etc. Caso planeje alugar um carro, você precisará novamente de seu cartão de crédito, pois as locadoras de veículos exigem a apresentação dele. A prática do bloqueio-caução é muito comum. A possibilidade de poder contar com **alguns cartões** no exterior pode ser fundamental para o êxito de sua viagem. Como muitos roteiros e seus respectivos orçamentos podem sofrer alterações de valores, devido ao câmbio flutuante e a tudo o que uma viagem marcada com antecedência está sujeita, recomenda-se que você leve vários cartões de crédito, tantos quanto puder, caso um não funcione ou não tenha limite, você terá outras opções.

Costumo tratar cartão de crédito em uma viagem como **prevenção**, para ser usado caso você chegue ao exterior e perceba que por algum motivo seu orçamento está errado e sua previsão de gastos será maior. A análise de câmbio foi feita com dados ultrapassados? A cotação e a compra de moeda estrangeira não saíram como você estava prevendo? Nessas horas fatídicas, você só poderá recorrer a seus cartões de crédito ou algum companheiro de viagem.

Os cartões são uma boa opção, principalmente quando os gastos superam o previsto, mas ao fazer uso deles você terá encargos, como o IOF, a taxa de saque das operadoras e a taxa de câmbio, que será a mesma do dia do vencimento de sua fatura. Tudo que salva sua viagem é bem-vindo, mesmo gerando encargos. **Não se esqueça de que cartão de crédito para ser usado em outros países precisa ser internacional, estar desbloqueado e habilitado para uso no exterior. Ligue no 0800** da instituição bancária se for o caso, mas na maioria dos cartões basta ativar o aviso-viagem pelo aplicativo. **O número do telefone está no cartão, antes de viajar fotografe a frente e o verso.** Se perder o cartão no exterior, ligue imediatamente para a instituição emissora e solicite o cancelamento. A maior parte das instituições no Brasil fornecem ligações gratuitas para perdas ou roubos. Faça um boletim de ocorrência depois de cancelar o cartão para evitar complicações de cobranças indevidas futuras.

15.4 Câmbio: compra ou venda?

Câmbio, na prática, é a operação que consiste em trocar uma moeda por outra, a troca de reais por alguma outra moeda estrangeira, seja comprando ou vendendo. Ao utilizar o câmbio você vai se deparar com dois valores, o de compra e o de venda, e nessa hora podem surgir as dúvidas.

Uma das primeiras perguntas é "Qual deles se aplica a sua operação?". Infelizmente esse tipo de relação nunca estará ao lado do turista, seja comprando ou vendendo, ele sempre estará na parte desprivilegiada. Se for comprar moeda estrangeira em uma casa de câmbio ou banco, o preço será o de venda, que por sua vez é sempre o mais alto. Caso você queira vender moeda estrangeira, a relação se inverte e novamente ficará em seu desfavor, pois a instituição financeira pagará o valor de compra, sempre o menor.

Essa prática não tem como ser evitada, são as regras do sistema financeiro, mas o que pode ser feito nesse tipo de relação é perder menos. Pesquisar as taxas em diferentes instituições financeiras do mercado pode ajudar, usando uma como parâmetro para descobrir variações com relativa significância de valores dependendo do montante que se pretende cambiar. Não se esqueça que haverá cobrança de taxas nas transações financeiras de câmbio, o IOF e o *spread*, espécie de margem de custo na taxa de câmbio. Essa relação sempre desfavorável do câmbio com os turistas requer atenção e cuidados especiais.

Quando o assunto for moeda forte, por exemplo, o euro, o melhor é comprar no Brasil em alguma casa de câmbio autorizada ou banco. Além de gastos menores para sua aquisição, a segurança contra notas falsas é total. Se deixar para trocar na Europa, a tarifa aplicada em operações de câmbio será cobrada também em euro, o que encarece a transação.

Se o caso for comprar moeda mais fraca que o real, a situação se inverte, portanto jamais compre no Brasil. Essas moedas têm procura relativamente pequena e, consequentemente, taxas ruins. Por outro lado, algumas cidades possuem demanda para reais, criando um liame de cotação favorável. A maioria absoluta delas está na América do Sul e são cidades onde existe alto fluxo de brasileiros. São elas: Buenos Aires, na Argentina, e região turística da grande metrópole; as cidades de Colônia do Sacramento, Montevidéu e Punta del Este, no Uruguai; Santiago, Viña del Mar e Valparaíso, no Chile; e Cidade del Este, no Paraguai. Em todas essas cidades é melhor levar o real.

Um bom *site* que lista todas as melhores taxas de câmbio em tempo real é o Melhor câmbio (melhorcambio.com), que proporciona fazer o negócio e receber a remessa no conforto de sua casa. No exterior, para trocar dinheiro procure sempre a instituição financeira que pagar a melhor taxa. Não é difícil descobrir essa informação, turistas e blogueiros postam com frequência em suas redes sociais. Em Buenos Aires por exemplo a melhor taxa é paga pelo Banco de La Nación e existe uma agência dentro do Aeroporto Internacional Ministro Pistarini, mais conhecido como Aeroporto de Ezeiza (EZE), além de várias outras espalhadas pela cidade.

O melhor a fazer é trocar aos poucos, programe entre duas e três trocas no máximo. Dessa forma, você trocará a grana conforme seus gastos exigirem. Aos poucos, o processo de familiarização com a moeda estrangeira vai acontecendo e você vai descobrindo seu poder de compra. Lembre-se de que, caso você troque dinheiro a mais, que não será usado na viagem, você terá de fazer uma nova troca desse dinheiro para reais e isso acarretará pagar mais taxas e, como consequência, um desperdício de dinheiro.

Nunca troque dinheiro na rua ou em casas de câmbio não autorizadas, fuja desse câmbio paralelo. Nesse tipo de negócio você fica exposto e não tem a cobertura do governo para eventual dolo como taxas abusivas e notas falsas. Em Buenos Aires, em quase todos os principais pontos turísticos você encontrará alguém gritando "Câmbio". Na Calle Florida chega a ser chato, a cada cinco metros alguém lhe oferece um serviço de câmbio paralelo.

15.5 Alfândega

A alfândega também é chamada em algumas regiões de aduana e é uma repartição governamental que tem por objetivo principal, por meio de fiscalização, controlar o fluxo de entrada e de saída de mercadorias de um país e, se for o caso, tributar mercadorias adquiridas no exterior. Sem exceção, todo viajante que está entrando no Brasil, seja brasileiro retornando do exterior ou turista entrando, é obrigado a passar pelo controle alfandegário.

Esse controle é feito em todos os aeroportos internacionais, sendo de responsabilidade exclusiva da Receita Federal. Os procedimentos de desembarque nos aeroportos são padronizados, em qualquer um deles ao desembarcar você passará **primeiro** pela Polícia Federal. Esta tem o dever de impedir as situações que de alguma forma possam colocar em risco o cidadão e sua viagem. Os casos mais comuns de ilícitos são contrabando, tráfico de drogas e de armas e tráfico humano. O **segundo** passo será pegar sua bagagem na esteira e **é** necessário que você faça a retirada o quanto antes para evitar o risco de alguém pegar sua mala por engano. Pegue a mala e verifique se não há danos e siga em frente. O **terceiro** passo é na Receita Federal, que possui a fila verde (nada a declarar) e a fila vermelha (bens a declarar), sendo 1000 dólares a cota permitida, este novo valor entrou em vigor após ser publicado no Diário Oficial da União, no dia 31 de dezembro de 2021, o antigo era de 500 dólares. O **quarto** e último passo é passar no *duty free*, que é uma boa opção para aquisição de produtos sem impostos.

Desde 1 de janeiro de 2020 o limite de compras para brasileiros é de 1000 dólares no free shop de desembarque no Brasil. As compras estão sujeitas a limites de quantidade: máximo de 24 garrafas de bebida alcoólica, sendo 12 o número permitido de cada tipo; máximo de 20 maços de cigarros de qualquer marca; máximo de 25 unidades de charutos ou cigarrilhas, independentemente da marca e da nacionalidade; máximo de 250g de fumo para cachimbo; máximo de 10 unidades de artigos de higiene; máximo de três unidades de equipamentos, como relógios, brinquedos, jogos, máquinas, eletrônicos etc. **Atenção! A não declaração implicará multa de até 100% do valor do bem.**

Capítulo 16

Cuidado com os golpes

Fonte: https://www.melhoresdestinos.com.br/dicas-de-seguranca-viagens.html. Acesso em: 29 dez. 2021

Nem o mais preparado dos turistas está livre de golpes. A maioria deles se resume a pequenos furtos, mas alguns podem transformar sua viagem dos sonhos em verdadeiros pesadelos. O brasileiro possui diversas facilidades para se relacionar e fazer novas amizades. No turismo, isso se reflete em uma espécie de "comportamento de turista fascinado", o que não ajuda muito a evitar golpes cada vez mais sofisticados. A cada dia observa-se um tipo de evolução no cambalacho e o aumento de relatos de novos golpes **é uma triste realidade**.

A grande maioria dos golpes tem por objetivo o simples furto de dinheiro dos bolsos. O golpista fará de tudo para obter êxito e subtrair dinheiro em espécie. Quando essa ação é frustrada, ele se voltará para o furto de algum objeto de valor. Tudo acontece muito rápido e quase sempre quando você está distraído. Quando estiver viajando, a única forma eficaz de prevenção é estar sempre atento. Vale ressaltar que é importante redobrar os cuidados no exterior. Eu tenho uma boa experiência em viagens internacionais, já andei pelos cinco continentes, e mesmo assim fui enganado pelo menos duas vezes. Outro fator a ser levado em consideração é a criatividade dos golpistas em se reinventarem. É impressionante como estão sempre criando novas versões para golpes antigos. A seguir estão alguns dos principais e mais usados truques aplicados mundo afora.

Táxi – São muito comuns, em cidades turísticas, reclamações de problemas com golpes aplicados por taxistas. Quase todos esses trabalhadores são excelentes profissionais e prestam bons serviços. Claro que nem sempre você consegue alguém honesto e educado, uma minoria realmente aproveita sua distração de turista para tentar aplicar algum tipo de golpe. Muitos são velhos conhecidos, a exemplo o taxímetro adulterado ou a ausência dele no veículo. Troco errado, troca de cédulas – quando você dá uma nota de 100 e ele insiste que você deu uma nota de 10 –, notas falsas repassadas como troco, mudanças de rota para encarecer a corrida e até o roubo de bagagens pode ocorrer. Em regra, sempre pergunte o preço antes de iniciar a corrida. Em aeroportos, pergunte para funcionários e oficiais de polícia qual é a companhia que tem permissão do governo para trabalhar ali. São comuns em aeroportos táxis clandestinos que oferecem serviços a preços módicos, fique atento a isso, pois pode ser uma roubada. Pesquise na internet quais companhias de táxi de seu destino são as mais recomendadas entre os turistas.

Tuk-tuks, riquixás e similares – Se você tiver a oportunidade de realizar um passeio de tuk-tuk ou de riquixá na Ásia, aconselho a fazê-lo, porém lembre-se de negociar os valores antecipadamente, sempre antes de entrar no veículo. Esse simples cuidado poderá lhe evitar muitas dores de cabeça com cobranças para lá de salgadas.

Fotos com personagens típicos – Ao viajar para cidades turísticas consagradas, a exemplo de Roma, você terá maior concorrência para a visitação das atrações, sendo normal a formações de filas. Mega-atrações, como o Coliseu, atraem não só turistas, mas também todo tipo de trabalhador informal. Você verá por todos os lados vendedores de *souvenirs*, de excursões e de comida. Além destes, você encontrará um tipo de artista que se veste com roupas de época, em Roma há pretorianos por todo lado, literalmente. Eles se aproximam vestidos a caráter e oferecem a oportunidade de você tirar uma foto ao lado deles. Você pode pensar que é um achado, mas cuidado, existem relatos de confusões sobre discordar dos valores das gorjetas. Nesse caso, o melhor é recusar o serviço, mas se quiser muito negocie tudo com antecedência, até mesmo a quantidade de fotos tiradas.

Izabela Santana, Júnior Santana e pretoriano – Roma, Itália – 2013

Operações de câmbio – Trocar dinheiro no exterior requer muita atenção, fique sempre muito atento. Um dos golpes mais antigos está relacionado às operações de câmbio e infelizmente acontecem com frequência. Você tem de compreender que negócio bom não vem à porta, portanto, evite trocar dinheiro em locais clandestinos. Use sempre bancos e casas de câmbio oficiais, os riscos de falsificação, fora desses estabelecimentos, são enormes. Em Buenos Aires, em especial na Calle Florida, você encontrará incontáveis pessoas oferecendo câmbio no meio da rua. Muitos desses trabalhadores autônomos oferecem taxas de câmbio vantajosas, e uma boa parte deles são brasileiros apelando aos turistas compatriotas uma preferência.

Auxílio com bagagem – Passei por uma situação estranha em Roma, na estação Tiburtina, enquanto aguardava um trem para Veneza. Desde que cheguei, um jovem italiano começou a oferecer ajuda para carregar minhas malas. A estação não fornecia os tradicionais carrinhos de bagagens dos aeroportos ou passei desapercebido por eles. Conversamos por alguns minutos, o suficiente para convencê-lo de que minhas malas tinham quatro rodinhas giratórias de 360 graus, sendo todas de fácil condução. De pronto ele me ofereceu ajuda para comprar os bilhetes. Novamente sua intenção estava frustrada ao perceber que eu já havia comprado. Não havendo mais serviços a me oferecer, ele se despediu educadamente e se pôs a conversar com outros passageiros. Rapidamente embarquei e mais tarde dentro do trem em uma conversa informal com uma brasileira que iria descer em Padova, ela contou que o educado e prestativo italiano cobrou 10 euros por tê-la ajudado a embarcar as malas no vagão do trem. Moral da história: no exterior existem pessoas boas, mas se surgir alguém superempolgado querendo ajudar, desconfie e pergunte se ao final você terá de pagar pelo referido auxílio.

<u>Preço de turista</u> — Esse tipo de golpe tem mais chances de dar certo perto de atrações turísticas famosas e com turistas com pouco tempo de permanência no local. Talvez seja o mais antigo dentre os golpes relacionados ao turismo. Baseia-se exclusivamente em inflacionar os preços dos produtos ou serviços quando são para turistas. Nem sempre é possível escapar dos abusos, tentar negociar com o vendedor será sempre a melhor opção. Essa situação acontece muito durante os cruzeiros. Se escolher uma excursão guiada ou se fizer turismo por conta própria no destino, você nunca poderá contar com tempo suficiente para uma boa pesquisa de preços. Os participantes de cruzeiros sabem que dificilmente poderão voltar por onde já passaram, não existem arrependimentos, os roteiros seguem horários pré-estabelecidos, e os turistas, quando estão nas lojas especializadas em *souvenirs*, não podem desperdiçar a oportunidade. O problema é que os donos das lojas sabem disso também. Nessa hora o preço de turista é aplicado em sua essência.

<u>O truque do ketchup</u> — É um golpe antigo, mas funciona perfeitamente nos dias atuais. O golpista surge, sabe-se lá de onde, e derruba algo em sua roupa. A comoção e arrependimento tomam conta dele e prontamente ele quer ajudá-lo a limpar, mas na verdade ele irá sorrateiramente furtar algum objeto, sem que você perceba. Simples assim, mas acredite, ainda existe quem cai nesse golpe.

<u>Golpe do *ticket* falso</u> — Seja lá qual for a proposta, recuse. De repente alguém oferecendo passagens de ônibus, trem ou avião com um superdesconto, que parece até um negócio da China? Desconfie, não existe isso em nenhuma parte do mundo. É um golpe, não caia nessa. Quando estiver no exterior, procure comprar de empresas consolidadas, evite problemas.

<u>Itens a mais na conta</u> — Parece um erro simples, um pequeno engano de um garçom cansado que fez confusão trocando o consumo de algumas mesas. É uma situação um pouco constrangedora, você não pode sair

acusando o estabelecimento de estar agindo de má-fé, até pelo direito do contraditório, e realmente pode ter acontecido um equívoco. Pode ser um erro ou não, como saber? Não podemos aceitar cobranças de consumo que não praticamos. O melhor a ser feito é ficar de olho aberto. Por via das dúvidas, anote tudo o que for solicitado ao garçom, seus apontamentos devem conferir com os da conta quando ela chegar. Esse tipo de golpe é praticado no mundo todo e na maioria dos casos não são valores absurdos lançados a mais, pelo contrário, normalmente são pequenos, do tipo que não vale a pena uma reclamação burocrática que requer uma denúncia formal. Sendo isso mesmo, o melhor é deixar para lá, não vale a pena, você é um turista e seu tempo é preciosíssimo.

É de graça – Aplicado no mundo inteiro, existindo relatos em pubs, nas ruas, em praias, boates, praças, e em todo tipo de lugar frequentado por turistas. A história é sempre a mesma, alguém o aborda e oferece alguma comida ou algum mimo dizendo ser de graça (*It's free, C'est gratuit, Es gratis*). Não importa a língua, o golpe é sempre o mesmo, mudando apenas o lugar. A lista de coisas, que são oferecidas aos turistas, a cada dia aumenta mais: braceletes, fitinhas, pulseirinhas, ramos de alecrim, sendo comida a mais usada. Caso já esteja de posse do item em mãos e o golpista se recusar a receber de volta, coloque o objeto no chão delicadamente, ou no balcão, se for o caso, e se afaste. Dessa forma, ele não terá mais argumentos para cobrá-lo.

O falso mendigo – Esse golpe existe em muitas versões, a criatividade é surpreendente, sem limites. É muito comum mendigos doentes pedindo dinheiro nas ruas de cidades turísticas. Mas não se iluda, esse golpe não acontece somente em locais abertos. Certa vez presenciei um deles. Um casal de crianças malvestidas entrou em uma famosa hamburgueria de Roma e passaram de mesa em mesa vendendo mapas pelo valor de um euro. Abriram o mapa em cima de uma delas e subtraíram um celular propositadamente acobertado por ele. Com a recusa da compra, logo se evadiram do local. Minutos depois a mulher deu falta do telefone, mas não havia mais nada a ser feito, nem sequer era possível avistá-los.

Boa noite Cinderela – Estamos falando da tradicional e famosa bebida "batizada", que leva a pessoa a desmaiar, sendo presa fácil para golpistas roubarem seu dinheiro e seu passaporte. Esse tipo de golpe pode causar prejuízos terríveis, os efeitos de algumas substâncias podem durar horas ou dias. Imagine você perder o navio do cruzeiro ou um voo? Como se não bastasse sua viagem estar toda comprometida, você pode ainda acordar sem documento de identificação. Caso isso aconteça em países onde não existam embaixadas brasileiras, você poderá ter sérias dificuldades para conseguir outro passaporte. Nunca beba com estranhos no exterior ou, pelo menos, nunca aceite copos de bebidas que você não tenha visto como tenham sidos preparados e servidos.

Quando *thirteen* vira *thirty* – Se a língua for uma dificuldade entre você e o prestador de serviço no exterior, peça ao nativo local para escrever o valor em números e em qual moeda em um papel, isso ajuda a evitar a famosa frase "Você entendeu o preço errado".

16.1 Cautela é a ordem do dia

O mais importante para um turista é estar sempre atento. O remédio é cautela três vezes ao dia, de manhã, à tarde e à noite. Golpes existem desde os princípios dos tempos e não vão acabar em um passe de mágica, mas podem ser evitados. Basta você estar atento às dicas de segurança e desconfiar sempre de estranhos. Nunca ande com muito dinheiro e dê preferência aos cartões de crédito. Olhe sempre para os lados e para trás também. Evite andar com documentos e passaportes. Mantenha uma cópia na mala e outra digital em seu *e-mail*. Divida seu dinheiro em vários bolsos frontais, use doleiras e mantenha bolsas e mochilas sempre na parte da frente. Existem vários tipos de golpes e golpistas, mas você não pode generalizar, porque também existe muita gente boa disposta a interagir e ajudar.

16.2 Sofri um golpe, o que faço?

Se você precisar de ajuda no exterior para uma emergência, seja ela qual for, desde um súbito mal-estar, perda de documentos, agressões e crimes diversos até ser vítima de furto, você poderá recorrer solicitando ajuda para toda a rede que você contratou para a realização da viagem. Também estão aptos e sabem como proceder e ajudar: os guias de turismo, os funcionários do hotel onde você está hospedado, a polícia local, os serviços de informações ao turista (*I-centers*), a companhia de seguros contratada e os consulados brasileiros.

Capítulo 17

Cruzeiros

Júnior Santana e Izabela Santana – Navio Costa Pacífica, Atenas, Grécia – 2013

Sempre recomendo para aqueles que desejam realizar uma viagem internacional considerar a possibilidade de fazer um cruzeiro marítimo. Os itinerários são diversificados e atendem a todos os gostos e épocas do ano. Uma boa opção é mesclar a viagem, fazer turismo em um destino que tenha um porto que permita embarcar também em um cruzeiro. Insisto para todos aqueles que ainda não fizeram um cruzeiro que reflitam sobre o assunto, vale a pena experimentar e incluir um no roteiro.

Com pequenas adaptações e um pouco de criatividade, seu passeio pode ter como base uma capital da Europa e um *tour* de navio dentro do roteiro principal da viagem. Além do destino escolhido por terra, o navio o levará a conhecer outros países e novas culturas de maneira prazerosa, confortável e segura. Nos cruzeiros há o convívio com passageiros oriundos de todas as partes do mundo e a quantidade de turistas de determinados locais influenciará diretamente o cardápio. Se o número maior de passageiros for de europeus, o cardápio será voltado em boa parte para comidas típicas da Europa e assim por diante. Você será atendido por uma tripulação muito bem treinada, verdadeiros especialistas na arte de servir.

Os viajantes que optam por fazer um cruzeiro consideram o feito um sonho realizado, marcando suas vidas para sempre. Muitos vão lembrar do balanço do mar e da brisa, outros nunca vão esquecer as comodidades de lazer proporcionadas e a sensação de bem-estar a bordo. Em resumo, cruzeiros são hotéis de luxo que vão até os destinos combinando aventura, cultura e muita diversão, tornando seu passeio inesquecível.

17.1 O que são cruzeiros?

Izabela Santana – Navio Costa Pacífica, Porto de Katakolon, Grécia – 2013

A melhor definição seria "tudo de bom". Navios de cruzeiros são verdadeiros *resorts* flutuantes. Os cruzeiros operam viagens com finalidades de entretenimento turístico por um período de dias pré-estabelecido com paradas em portos de diferentes países. São transatlânticos, meganavios produzidos para fornecer diversão e conforto aos passageiros. Fazer um cruzeiro será algo que suas memórias vão guardar por toda a vida, pois é muito diferente do tradicional turismo, com experiências únicas e atendimento do mais alto nível. Imagine uma cidade dentro de um barco, onde não falta nada e você no meio de tudo isso, rodeado de gente do mundo todo, curtindo suas merecidas férias em vários países diferentes na mesma viagem.

17.2 O que esperar encontrar em cruzeiros?

Cruzeiros nem de longe podem ser considerados monótonos. Todos os dias são oferecidas atrações dentro e fora dos navios. Atividades de diversão das mais variadas estão programadas e à disposição todos os dias. Animadores, artistas, cantores e funcionários passam os dias trabalhando para que os passageiros tenham dias prazerosos a bordo. São inúmeros atrativos que vão desde cabines luxuosas, restaurantes à *la carte* e *self-service*, festas temáticas, bailes, discoteca, *lounge bar*, *lounge music*, piano bar, karaokê, apresentações teatrais, cassino, cinema, bingo, esportes coletivos, oficinas de artesanato, aulas de dança, aulas de ginástica, parque aquático, competição de culinária, academia de beleza, SPA, sala de jogos, biblioteca, brinquedoteca, lojas para todos os gostos e excursões em terra. Cada navio tem sempre um diferencial competitivo, existem embarcações com pista de kart, simulador de Fórmula 1, quadra poliesportiva, parque de diversão, simulador de surfe, minigolfe, boliche, simulador de voo, escalada, simulador de paraquedismo, tirolesa, trampolim com realidade virtual, cantores famosos, e mais uma infinidade de atrações que são ofertadas ao turista no intuito de tê-lo a bordo.

Júnior Santana – Piscina do Navio Costa Pacífica – 2013

17.3 Escolhendo o cruzeiro

São muitos os tipos de cruzeiros marítimos, mais de uma dezena com toda certeza, o que propicia um poder de escolha muito grande, seja para viagens em família, com amigos e até sozinho. O que não faltam são boas companhias marítimas e opções para todos os gostos. Essa escolha dependerá de muitos fatores importantes, como preço, época do ano e a opinião dos demais participantes da jornada. Porém, há algo que deve ser levado em conta em primeiríssimo lugar: escolha um cruzeiro que satisfaça seu perfil, a viagem é sua e não deixe de realizar seu sonho por nada.

Existem inúmeros tipos de cruzeiros e eles repetem as viagens todos os anos, se as condições hoje não forem as melhores, compre o cruzeiro da temporada seguinte fazendo economia pela antecipação de datas. Para os tripulantes de primeira viagem, a recomendação é fazer cruzeiros menores, entre cinco e oito dias. Fazer uma viagem de navio é uma experiência maravilhosa, que começa na escolha do tipo de cruzeiro. As opções são muitas, e as mais relevantes são as seguintes:

Cruzeiro padrão – Tem níveis muito bons e um custo menor, com características mais populares. É recomendado para famílias e para quem faz o primeiro cruzeiro.

Cruzeiro intermediário – Padrão bem elevado do tipo *premium*. O custo é relativamente mediano, ideal para passageiros mais experientes e que procuram requinte.

Cruzeiros de luxo – Padrão elevadíssimo com preços muito caros, recomendado apenas para hóspedes que procuram serviços luxuosos.

Cruzeiros fluviais – Navios menores que atuam em rios. Existem embarcações em todos os níveis de conforto e luxo.

Cruzeiros sênior – Voltados para o público da terceira idade, normalmente a partir de 55 a 65 anos, variando a idade de uma companhia para outra. Muitas companhias têm navios inteiros nessa temática.

Cruzeiros românticos – A maioria dos navios não tem uma temática romântica a viagem toda. Para satisfazer esse público, são mantidas rotas de lugares românticos para os apaixonados conhecerem e desfrutarem durante um cruzeiro normal.

Cruzeiros de Natal, Ano Novo e Carnaval – Os navios são adaptados nesses períodos para atender a esse tipo de demanda. São tematizados temporariamente e as rotas passam por locais que de alguma forma inspiram as datas. Tendência de preços mais caros neste período.

Cruzeiros de volta ao mundo – As companhias que praticam esse tipo de viagem são especialistas em viagens longas, visto que alguns desses cruzeiros duram mais de 100 dias e visitam mais de 50 países. Exige uma preparação diferente dos demais.

Cruzeiros temáticos – Um bom exemplo são os cruzeiros da Disney Cruise Line. A tripulação é devidamente preparada para fazer você vivenciar as experiências dos personagens e dos roteiros de filmes e séries da Disney. Muito indicado para famílias com crianças.

17.4 Escolhendo a cabine

Em navios de cruzeiros não existem acomodações piores ou de níveis inferiores. Todas as cabines e acomodações são construídas e classificadas nos padrões de hotéis 5 estrelas no mínimo. Concebidas para oferecer conforto ao hóspede, elas possuem classificações diferentes conforme aumenta a luxuosidade. Essas categorias mudam de acordo com a companhia e podem apresentar nomenclaturas diferentes para a mesma cabine. Existem muitas cabines diferentes, as mais comuns são:

Cabines internas – Sem janelas e sem varandas, ficam na parte inferior do navio. Possuem todo o requinte de qualquer cabine e são as mais baratas do navio.

Cabines externas – São do mesmo nível das cabines internas, porém com janela. Possuem preço mais caro por essa diferença, e você teoricamente tem uma bela vista do mar.

Cabines com varanda – Praticam valores bem mais altos que as já citadas, possivelmente o dobro, recomendadas para quem quer um clima romântico e não abre mão de uma varanda.

Suítes – Normalmente as mais caras do navio, indicadas para famílias maiores que preferem estar reunidas. Nível luxuoso de conforto podendo ter até mordomos exclusivos à disposição.

Qual cabine é a melhor opção? – Sempre que amigos me indagam sobre o tema, a resposta é que depende da expectativa de cada um e do nível de conforto que deseja durante o período. O estilo que uso e considero ideal é a cabine interna localizada no centro do navio, que conserva a mesma distância da proa e da popa, diminuindo os percursos a pé consideravelmente. Esse tipo de acomodação é a mais barata do navio e pode ser decisiva para o orçamento caber no bolso. Há também outros pontos interessantes no desenrolar das atividades diárias do cruzeiro: o tripulante levanta-se cedo, toma café da manhã e segue por excursão em terra que pode durar entre quatro e nove horas, variando entre os locais perto e os mais longínquos. Entre passar de volta no *duty free*, na alfândega do barco, voltar para a cabine, tomar banho, trocar de roupa, jantar e assistir ao teatro, será tarde da noite. Vencidos os desafios atemporais, ao sair do teatro será irresistível dar uma voltinha pelas lojas e bares do navio. Sempre descrevo essa rotina para explicar que cabines de navios são apenas para dormir e a falta de visão de uma janela é facilmente superada quando se sobe para as partes abertas do navio e deslumbra-se toda vista sem nenhum prejuízo.

17.5 Embarcando no cruzeiro

Izabela Santana – Navio MSC Splendida, – 2014

O dia do embarque é um dos mais esperados de toda a viagem, a ansiedade estará alta e alguns procedimentos são exigidos pelas companhias marítimas. Em primeiro lugar, nunca esquecer que em todos os portos de embarque o *check-in* é duas horas antes do horário de saída do navio. Ou seja, se em seu *voucher* estiver escrito que o navio sairá as 17h, o check-in se encerrará às 15h. Recomendo que chegue à sala de embarque do porto com antecedência mínima de cinco horas e entre logo na fila. Os funcionários da companhia vão tomar conta de suas bagagens com equipe própria e designada exclusivamente para esse fim. O limite de bagagem é de 90 kg distribuídos em três malas por cabine e cada pessoa tem direito a uma bagagem de mão de 55 x 35 x 25 cm.

Há objetos que não são permitidos, como ferro de passar, chapinha e outros que emitem calor. Todo material diferente passará por triagem. Suas malas vão estar novamente à sua disposição à noite, na porta de sua cabine. Dirija-se à área de embarque com os documentos pessoais e os *vouchers* de viagem obrigatórios do cruzeiro e apresente o formulário de embarque. A documentação é a mesma exigida em qualquer tipo de viagem internacional e o passaporte resolve tudo em qualquer local.

Ao embarcar, serão tiradas fotos de segurança e você receberá um Cartão do Navio, também chamado de *Guest Card* ou *Cruise Card*. Nele serão armazenadas todas as suas despesas a bordo. Para ativar o cartão, será necessário deixar caução em dinheiro ou um cartão de crédito internacional como garantia. Esse cartão servirá como sua identificação pessoal nas dependências do navio e como chave de sua cabine. Esteja sempre com ele e em caso de perda solicite o bloqueio e a confecção de um novo cartão. No *check-out*, a situação será inversa: na noite anterior ao desembarque você deverá deixar as malas lacradas no corredor em frente à cabine. A companhia informará o horário e os procedimentos que os carregadores executarão até deixá-las em determinado galpão no terminal portuário.

Júnior Santana – Cruize Card do Navio MSC Splendida – 2014

17.6 Ainda sobre cruzeiros

Jornal de bordo – É uma espécie de jornal do amanhã. Nele você terá todas as atividades que acontecerão no dia seguinte, os descontos que serão praticados nas lojas, o horário de abertura delas, cardápio de cada restaurante, horário dos *shows* do teatro, festas, excursões em terra e tudo mais que o navio oferece para sua comodidade e diversão. Normalmente ele é deixado todos os dias na cabine.

Gorjetas – São obrigatórias na maioria absoluta dos cruzeiros. A diferença é que algumas companhias vão cobrar já na aquisição do pacote e outras vão cobrar no final do cruzeiro, no acerto final de todos os gastos a bordo.

Free shop a bordo – Existe uma rede grande de lojas variadas e renomadas a bordo. Praticam preços isentos de impostos, mas limitam sua abertura e comércio somente durante a navegação, pois o alto-mar é considerado área internacional. O melhor é pesquisar e pechinchar bastante, afirmo por experiência própria que é possível conseguir preços mais acessíveis em dias de descontos, então fique atento ao jornal de bordo.

Línguas oficiais a bordo – Normalmente são faladas seis línguas: inglês, espanhol, italiano, alemão, francês e português. Com sorte você pode falar português e ser compreendido sem problemas. Caso exista dificuldades na língua, procure brasileiros trabalhando no navio, pode ajudar em suas demandas se encontrar algum.

Jantar de gala do capitão – Acontece em todos os cruzeiros acima de quatro noites. É uma comemoração com trajes formais para brindar e dar boas-vindas ao cruzeiro. Champanhe e vinhos servidos são por conta da casa nesta noite. Excelente oportunidade para eternizar o momento com fotos e vídeos.

Izabela Santana e Júnior Santana – Jantar de Gala do Navio Costa Pacífica – 2013

Excursões terrestres – O navio propicia estar em um país diferente quase todos os dias. Existem um rol de excursões já prontas e devidamente preparadas para todos os públicos. Algumas de menor duração, outras mais longas, mas tudo muito bem planejado e seguro para sua maior comodidade. Vale muito a pena fazer uma excursão do navio, visitar o destino e enriquecer seu conhecimento cultural. Outra opção é você conhecer a cidade por conta própria, sair e fazer tudo sozinho. Nesse caso, você precisa tomar muito cuidado para não perder a hora de voltar ao navio, pois eles possuem regulamentos e horários britânicos e se você não comparecer na hora certa vão deixá-lo para trás. Muito cuidado, você pode se ver em uma cidade do exterior sem saber como alcançar o cruzeiro na próxima parada, o que seria o melhor a ser feito sem prejuízo. O fato se assemelha ao *no show* das companhias aéreas e tem a mesma visão jurídica de que o passageiro que não comparecer na data e hora indicada pela companhia perderá todos os direitos. No caso dos cruzeiros é um pouco mais sério, já que a companhia tem itinerários a serem cumpridos e não vai mudar por conta de um passageiro atrasado. Se você perder o embarque devido a atrasos pessoais, você é responsável por qualquer despesa gerada para alcançar o navio no próximo porto de escala. Portanto, preste muita atenção e chegue sempre com antecedência, evitando transtornos indesejáveis. As excursões terrestres são ótimas e propiciam um mergulho na cultura do destino, recomendo todas.

Izabela Santana – Excursão do Navio MSC Splendida, Túnis, Tunísia – 2014

<u>Como são as cabines dos cruzeiros?</u> – Todas as cabines tradicionais possuem entre 12 e 18 metros, variando de uma companhia para outra, já as suítes têm tamanhos maiores. São equipadas na maioria dos casos com: minibar, TV interativa, secador de cabelo, ar-condicionado, telefone, cofres, camas, armário, uma pequena mesa e banheiro. Este, apesar de pequeno e apertado, é bastante eficiente e conta com privadas de sucção a vácuo e chuveiros potentes.

<u>Cuidado com gastos invisíveis</u> – As tarifas de um cruzeiro geralmente não incluem muitos itens que podem juntos significar valores consideráveis. Os mais comuns que por algum momento passam desapercebidos são os seguintes: traslado hotel X porto e vice-versa, taxas portuárias, excursões pelas cidades de escala, pacotes de bebidas em geral, massagens, SPA,

internet, ligações telefônicas, serviços médicos, gastos no cassino, cabeleireiros, manicures, pedicures, lavanderia, medicamentos e outras despesas de caráter pessoal.

Reconhecimento do navio no dia do embarque – Sendo ou não seu primeiro cruzeiro, aproveite o primeiro dia para fazer um *tour* pelos *decks* e conhecer o máximo possível do navio. Os próximos dias serão repletos de atividades e quanto mais se familiarizar no início, mais tempo você poupará e menos desencontros surgirão. Os navios oferecem muitos privilégios e desfrutar de tudo demanda tempo.

Izabela Santana – Convés do Navio Costa Pacífica, Mar Mediterrâneo – 2013

Balança, mas não enjoa – Navios de cruzeiro possuem estabilizadores potentes e moderníssimos para minimizar o balanço. O mar sempre dará a última palavra e dependendo do local de navegação e da agitação pode balançar um pouco. O enjoo pode se manifestar diferentemente de um organismo para outro e de maneiras bastantes distintas entre as pessoas. Algumas vão sentir indisposições estomacais leves, outros vão ficar pálidos, sentir dores de cabeça, tonturas e vômitos. Na grande maioria dos casos o remédio para enjoos do kit de farmácia resolverá o problema facilmente.

<u>Internet cara a bordo</u> – A internet em cruzeiros é impraticável pelo alto preço cobrado pelas companhias. A solução é usar as redes nos portos. Aproveite quando o navio atracar para visitar cafés, restaurantes e demais locais que possam oferecer uma senha de Wi-Fi grátis. Seja educado ao pedir a senha, e antes de fazê-lo peça um café, um refrigerante, algum lanche rápido ou, se for o caso, até uma refeição. Os comerciantes sabem que você precisa da internet, mas eles também esperam que você compreenda que eles vivem da renda do turismo. Aproveite bem o tempo, pode ser que somente tenha uma nova oportunidade no próximo porto.

<u>Mudanças no itinerário a qualquer momento</u> – A regulamentação internacional dos cruzeiros deixa a cargo de cada embarcação o poder de mudar seu itinerário em caso de acontecimentos atípicos e fora do controle, por exemplo: condições climáticas adversas, problemas mecânicos, sequestro a bordo, pirataria, ameaça terrorista, turbulência política, entre outras ocasiões. Sem aviso prévio o comandante poderá mudar horários, alterar roteiros, substituir porto de escala por outro e nenhum hóspede poderá contestar prejuízo.

<u>Cabines adaptadas</u> – Todas as companhias possuem em sua frota cabines acessíveis para pessoas com deficiência. O comunicado deve ser feito com antecedência, no ato da reserva. Geralmente essas cabines possuem um espaço de locomoção muito maior e atendem bem às necessidades dessas pessoas.

<u>*Sites* e buscadores de cruzeiros</u> – A Expedia mostra excelentes promoções de pacotes de viagem. A Cruise Sheet encontra formas de viajar mais baratas em cruzeiros pelo mundo. A Vacations to Go é uma agência de viagens que une várias empresas e ofertas. A Cruise Deals possui uma boa oferta de cruzeiros. Além destas, Vaya Cruceros, Logitravel, Mucho Viaje, Atrapalo e Rumbo são especialistas em cruzeiros. Não deixe de acessar também estes *sites*, que possuem muitas ofertas e podem ajudar a encontrar o cruzeiro ideal: Cruise (www.cruise.com), Carnival (www.carnival.com), Cruise onte (www.cruiseone.com), Dream lines (www.dreamlines.com.br) e Logi travel (www.logitravel.com.br).

<u>Quando comprar o cruzeiro?</u> – A resposta é: com a maior antecedência possível. Quanto mais tempo antes da viagem, mais barato será e quanto mais perto da partida, mais caro será. Uma boa antecedência é de seis a 12 meses.

<u>Cruzeiro de reposicionamento</u> – Nome diferente para um cruzeiro de férias, mas que pode ser uma boa pedida para encaixar em seu orçamento e é uma excelente oportunidade para quem não se importa em passar

mais tempo em alto-mar. É um cruzeiro com descontos significativos, que consiste no deslocamento dos navios de um ponto a outro. Um exemplo clássico acontece em novembro, quando os navios que estão na Europa são enviados para o litoral brasileiro, deixando o inverno da Europa para o verão da América do Sul. Vale a pena consultar os preços, os valores são mais baratos.

Com que roupa ir? – Na maioria das ocasiões, no dia a dia do cruzeiro apenas roupas informais vão ser usadas. Opte por praticidade e conforto, abusando de shorts, camisas, bermudas, saias, camisetas, vestidos e roupa de banho. Algumas condutas não são permitidas, como andar pelos corredores e pelos restaurantes com traje de banho. Para o jantar com o comandante, o evento requer vestimenta um pouco mais formal. Nada de luxuosidades, apenas vestido longo para mulheres e terno e gravata para os homens. Um casal se sairá muito bem combinando vestido tubinho para a mulher e traje esporte fino com um blazer para o homem.

Água a bordo – Duas situações sobre água em cruzeiros merecem destaque. Em primeiro lugar, despreocupe-se com a qualidade, toda água potável a bordo é destilada da água do mar e pode ser usada sem nenhum medo, inclusive a água do banheiro, das piscinas e demais ambientes públicos. Sobre a água para consumo, caso você compre um pacote *all inclusive* de bebidas, não precisará se preocupar com garrafas de água na cabine, pois será sempre abastecida conforme sua reivindicação. Mas caso não tenha comprado esse tipo de pacote, fique atento, a água a bordo é gratuita somente nos restaurantes e é necessário o deslocamento até o local. O melhor a ser feito nessa situação é aproveitar as excursões nos portos e comprar garrafas de água de 2 l. Calcule o consumo diário de todos e os dias que faltam para a próxima parada em terra e mantenha o minibar abastecido. A economia será muito significativa, uma garrafa em terra custará centavos de euros enquanto a bordo pelo menos 3 euros.

Em cruzeiros a TV não é só TV – Fique atento à TV instalada em sua cabine, ela conta com vários outros serviços à sua disposição, incluindo sua conta do cruzeiro com os gastos já efetuados. Aproveite, esse tipo de controle permite uma economia considerável se for bem usado. Existem navios em que a interação pela TV é total, por ela pode-se fazer reservas em SPAS, salões de beleza, restaurantes, espetáculos, consultar a programação do dia, adquirir excursões etc.

17.7 Curiosidades sobre cruzeiros

Que tal morar em um navio de cruzeiro? – Soa meio surrealista, mas é verdade e existem muitos casos em quase todas as companhias marítimas. A casa atual de **Mama Lee** é o Crystal Serenity, um navio de luxo para 1.070 passageiros, no qual vive há sete anos, mais tempo do que a maioria da tripulação. Particularmente, só de pensar em não ter de pagar impostos, limpar, tirar o lixo ou fazer qualquer outra tarefa rotineira de casa já vale a pena. Mas os benefícios não terminam por aí, todas as refeições são devidamente preparadas para você, o entretenimento é diário, piscina à disposição e até atendimento médico a qualquer momento. É como viver um sonho. Sem contar que tudo isso acontece viajando de navio de luxo, conhecendo o mundo e pessoas diferentes todos os dias.

Melhor época para viajar – Depende de alguns fatores, que vão desde o gosto pessoal de cada um, a disponibilidade de tempo e de dinheiro para o investimento, as adversidades climáticas, entre outras intempéries sazonais. Mas de uma forma geral existem bons locais que em determinadas épocas do ano sempre vão apresentar uma excelente relação de custo-benefício. A seguir listei algumas das melhores épocas e os destinos que considero valer a pena:

Primavera e outono: Mediterrâneo, Madeira, Ilhas Canárias, Portugal e França.

Primavera: Israel, Grécia, Turquia, Itália, Portugal e Espanha.

Verão e outono: Escócia, Grã-Bretanha, Irlanda e Islândia.

Janeiro, maio e setembro: Toda a América Caribenha.

Abril, setembro e janeiro: Canal do Panamá, ilhas ABC e Cartagena das Índias.

Abril a outubro: Havaí.

Maio a agosto: Europa do Norte e Báltico.

Junho a julho: Alasca.

Junho a setembro: Noruega, Suécia, Canadá e Nordeste dos EUA.

Setembro a janeiro: Riviera Mexicana e países da América Central.

Novembro a março: Austrália e Nova Zelândia.

Dezembro e janeiro: América do Sul.

Navios têm sua própria hora – Pode parecer estranho, mas é verdade, o barco adquire um fuso próprio, que sempre vai coincidir com a hora do país onde ele estiver. Toda vez que se deslocar, poderá acontecer mudanças. Isso vai exigir certa atenção, pois tudo a bordo seguirá esse novo horário, as excursões em terra, espetáculos, horários de saída e de entrada no navio. É muito importante verificar a hora do navio antes de sair e acertar o relógio.

<u>Aniversário a bordo</u> – Caso o seu aniversário aconteça durante o cruzeiro escolhido, peça que seu agente de viagem informe a companhia do cruzeiro ainda no ato da compra. Não é certeza, mas em alguns casos você poderá receber alguns mimos que vão desde bolos até ser convidado a se sentar à mesa do capitão durante o jantar de gala. É muito comum também oferecerem garrafas de champanhe de presente.

<u>Cruzeiros são excelentes testes para noivos</u> – O período pode ser revelador e demostrar atributos ou falhas de caráter da pessoa amada. O tempo compartilhado dará pistas comportamentais sobre organização e atitudes que somente ao longo da convivência começariam a aparecer. Imprevistos e atritos vão demostrar a capacidade de enfrentamento de crises, entre outras revelações.

<u>Fartura gastronômica</u> – A maioria dos navios disponibiliza pelo menos cinco refeições a bordo. É possível encontrar algum restaurante aberto em boa parte do dia. A comilança é uma característica dos navios de cruzeiro, e seus restaurantes costumam abrir às 5h e o último fechar à 1h. Nesse tempo é possível tomar café da manhã, almoçar e jantar e fazer lanches a todo momento, inclusive de madrugada. Todos os horários de abertura e a localização estão disponíveis no diário de bordo.

Izabela Santana – Restaurante do Navio Costa Pacífica, Mar Mediterrâneo – 2013

Capítulo 18

Dicas, pílulas e macetes de viagens

Com o passar do tempo, a lista de lugares visitados foi aumentando muito e com eles também as experiências de viagens. As aventuras pelo mundo afora percorrem um sentido natural e cronológico, sendo o começo o grande laboratório da aprendizagem, tempo em que os erros superam os acertos. Quase todos os viajantes são bons observadores quando lhes faltam ainda a confiança de um turista experimentado. O processo de buscar conhecimento e informações diversas, que possam de alguma forma lhes serem úteis durante as viagens, é realizado com afinco. Ao viajante é imposta uma rotina de sucessivas tentativas na busca da otimização da viagem, e cada uma se caracteriza como o complemento da outra. Pensando nisso, deixei a seguir algumas dicas de situações vividas e experimentadas que de alguma forma estão interligadas com viagens e podem ser de grande utilidade.

Tire o fio da tomada – Suas férias não são lugar de passado. As trivialidades fazem parte das nossas vidas e todos temos preocupações e problemas ainda por resolver. Mas convenhamos, tudo tem o momento mais adequado para ser tratado. Desligue-se de tudo que possa causar preocupações e ansiedades durante a viagem de seus sonhos, você pouco poderá fazer para resolver coisas que se arrastam há muito tempo durante a viagem. O conselho é retirar o fio da tomada e aproveitar o passeio, literalmente, ignore tudo que não seja relacionado com os prazeres dos destinos de seu roteiro. Se for necessário, em caso de persistência, use métodos radicais, bloqueie contatos de suas redes sociais durante esse período.

Fonte: https://www.carrefour.com.br/blog/dica-amiga/post/qual-a-melhor-cadeira-de-praia. Acesso em: 29 dez. 2021

Esquecer o carregador – Muito mais comum do que se pensa, acabamos por vezes esquecendo pequenas coisas, algumas de muita importância e de uso frequente, outras nem tanto. O primeiro pensamento que vem à cabeça é comprar outro carregador na primeira oportunidade possível. Até poder comprar outro a saída é ir usando um emprestado de algum membro da viagem. Essa é a forma mais usada nesses casos e pode até resolver o problema, mas existem outras opções. Muitos hotéis têm na recepção uma caixinha cheia de carregadores esquecidos por outros hóspedes e podem emprestar um pelo tempo que você ficar hospedado, sem nenhum custo a mais por isso. Caso o esquecimento tenha acontecido somente da parte do plugue que prende o cabo à tomada, carregue seus dispositivos eletrônicos conectando apenas o cabo USB nas entradas da televisão de seu quarto.

Digitalizar documentos e fotografar malas – Salvar imagens de todos os seus documentos antes de qualquer viagem é importantíssimo. Na falta deles, é muito útil ter cópias para resolver certas situações, inclusive pedidos de segunda via. Digitalize todos os documentos pessoais dos participantes da viagem. Tudo mesmo, cartões de crédito, *vouchers* das companhias aéreas e dos hotéis, bilhetes de trens, traslados etc. Insira nessas informações seu tipo sanguíneo, endereços e telefones dos consulados, números dos cartões de crédito para ligações originadas do exterior, nomes de pessoas que devem ser avisadas em caso de emergência, telefones úteis e fotos da mala antes da viagem para serem usadas no caso de reparação financeira por bagagem danificada. Salve tudo na galeria do celular e também envie para seu próprio *e-mail* por garantia.

Cédulas novas – Leve sempre cédulas novas independentemente do país que vá conhecer. Quando for retirar o dinheiro vivo destinado a ser levado ao exterior, faça na boca do caixa e exija do atendente notas novas e bem conservadas. Essa tarefa pode até dar algum trabalho, mas é muito importante. As cédulas velhas, rabiscadas e amassadas não são aceitas nas casas de câmbio do exterior, nessa hora não lhe restará opção a não ser trazê-las de volta ao Brasil. Melhor se não for preciso usar, mas e se forem muitas e os valores fizeram falta na viagem?

Com comidas exóticas todo cuidado é pouco – Uma das coisas mais chatas que pode acontecer em uma viagem é você arrumar uma indisposição alimentar por conta de algum alimento ingerido. O turismo gastronômico é um sucesso e em alguns casos a razão da viagem, porém as comidas exóticas podem realmente causar infecções e intoxicações diversas que podem durar pelo menos 10 dias. Tenha muito cuidado. Use de moderação e do bom senso para não arriscar comprometer sua viagem.

Hotéis são bons parceiros – Uma vez no exterior, o número de parceiros com que podemos contar é infinitamente reduzido. A cadeia de turismo é o diferencial nessa situação, além dos canais diplomáticos e nossos próprios recursos. Casos em que o hóspede passar mal, o hotel deverá buscar assistência médica de urgência, além de realizar os procedimentos emergenciais. Alguns hotéis realizam operações de câmbio, mesmo que não seja uma taxa atrativa, é bem útil para pequenos montantes. Também oferecem de graça mapas e guias da cidade, revendem excursões, pedem comida por *delivery* para você e emprestam pratos e talheres, mantêm nas recepções folders de jogos de futebol, teatros, casas de *shows*, bares e restaurantes, entre outras tantas atrações. Quando chegar, pegue um de cada e no quarto faça uma comparação com seu roteiro, pode ser que esteja perdendo uma ótima atração. Não menos importante, fornecem cartão de visita, muito útil para se ter na carteira na hora de pegar um táxi de volta sem precisar se expressar em uma língua que não domina.

Cancelamentos só por escrito – Por precaução, sempre que por algum motivo alheio à sua vontade ou em comum desejo das partes for cancelar algum passeio, excursão, reserva de hotéis, enfim tudo que se relacione com sua viagem, faça por escrito. Envie *e-mail* solicitando e peça confirmação, essa é a regra, mas na indisponibilidade momentânea, as redes sociais podem servir de registo se estiver bem explicado. Isso tudo evita complicações e dissabores em futuras ações judiciais.

Celular e foto preto e branco – A limpeza, inclusive das lentes das câmeras, deve ser feita com álcool isopropílico 70%. Ajustar nitidez da imagem, a luz ambiente, o foco e a exposição contribuem para melhorar o desempenho. Mesmo se você entender do assunto, custa pouco levar a uma loja especializada para uma revisão e é recomendável. Instrua para ser usada a maior capacidade de megapixels possível, objetivando fotos com maior resolução. Uma dica simples, que também pode fazer muita diferença, é tirar fotos preto e branco em determinadas situações. Por exemplo: o tempo fechou e a foto sairá escura bem em frente àquela atração que você mais queria. A falta de cores pode dar um efeito diferente, a ser interpretado como rústico ou antigo, salvando o dia.

Cartões de crédito – O grande amigo em qualquer viagem, salvador da pátria e emérito companheiro. Tomar o maior cuidado com os cartões de crédito se faz imperativo. No momento que você decidir viajar, você deve voltar suas atenções para eles. Comece olhando a situação da própria tarjeta, se está quebradiça ou se possui algum outro defeito capital. Verifique as datas de validade, o desbloqueio para o uso no exterior e se necessário ligue e encomende a substituição. Aproveite e tente aprovar um aumento no limite de crédito. Leve pelo menos cinco cartões de crédito por segurança de um ou outro não funcionar devidamente. Uma vez fora do Brasil, você terá poucas chances de apoio e de ajuda e o cartão de crédito é fundamental para se virar sozinho em emergências. Caso não tenha todos, solicite a aquisição com instituições financeiras. Dê preferência para a aquisição de cartões de bancos e bandeiras diferentes, isso pode lhe ajudar a aumentar o limite de crédito, devido à concorrência, e diminuir o risco de problemas, pois se um tipo de cartão der problemas, você terá outros diferentes para suprir a falta.

Diga não às encomendas – Não caia na besteira de trazer isto ou aquilo sob encomenda. Primeiro porque você está de férias e pode perder um tempo considerável procurando algo não relacionado com sua viagem.

Mesmo que seja de extrema facilidade encontrar, ainda assim ocuparia lugar na mala, restringindo você de trazer coisas para você. O melhor é ser sincero e dar uma desculpa simples e educada.

<u>Sempre tenha dinheiro trocado</u> – Toda vez que precisar comprar água ou for realizar pagamentos pequenos, dê preferencialmente notas medianas ou grandes para que dessa forma você receba dinheiro trocado. Por sua vez, as moedas podem ser muito úteis em banheiros públicos e notas pequenas ajudam a pagar com exatidão os valores de corridas de táxi, evitando confusões.

Fonte: https://www.infovarejo.com.br/5-maneiras-de-conseguir-moedas-para-troco/. Acesso em: 29 dez. 2021

<u>Vigie os painéis de voo nos aeroportos</u> – Quando estiver no aeroporto esperando seu voo, procure um assento de frente para um painel de voo. A recomendação se justifica pelas várias mudanças de portão que acontecem nos aeroportos. Eu mesmo já tive de mudar mais de quatro vezes de portão em um único voo enquanto esperava. Alguns portões são longe uns dos outros e podem exigir grandes esforços físicos em caminhadas. As informações a serem observadas serão sempre o horário, o número, o destino, o portão e o *status* do voo. O cartão de embarque pode conter ou não o número do portão, mesmo que tenha, dê preferência ao anunciado no painel se estiver diferente. Vale lembrar que a única coisa que faz você perder todos os direitos em um voo é o não comparecimento, então fique atento.

Hora	Destino / Escalas	Cia	Voo	Codeshare	T	Check-in	Portão	Observação
14:50	Bogotá	LATAM	8000		3	F	302	Check-in F
15:05	Madrid		6824		3	H	324	Check-in H
15:10	Paris		0457	GLO5000	3		320	Confirmado
15:30	Lisboa	TAP	0082	AZU7214 CBJ5434	3	G	322	Previsto
15:40	Barcelona	LATAM	8114	IBE2478	3	F	308	Check-in F
15:45	Londres		0246	IBE4768 TAM8322	3	H	306	Previsto
16:00	Punta Cana	GOL	7730		2	C	242	Check-in C
16:25	Buenos Aires	LATAM	8010		3	F		Cancelado
16:35	Assunção		0837		2		243	Previsto
17:30	Buenos Aires		0506		2	C		Previsto
17:50	Bogotá	Avianca	0114	ONE4015	2	D	242	Previsto
17:55	Joanesburgo	LATAM	8162		3	F	317	Check-in F
18:00	Joanesburgo		0223		3	G	304	Previsto
18:05	Buenos Aires		0015		3	F	324	Previsto 0:01
18:10	Zurich		0093	DLH5899 SIA2955	3	G	321	Confirmado
18:15	Frankfurt		0507		3	G	316	Confirmado
18:20	Luanda	IAG	0748		2	D	238	Previsto
18:35	Buenos Aires	LATAM	7869		3	F		Cancelado

Fonte: https://g1.globo.com/sp/sao-paulo/noticia/greve-cancela-voos-para-a-argentina-
-e-vindos-do-pais-no-aeroporto-de-cumbica.ghtml. Acesso em: 29 dez. 2021

Olhe para trás antes de ir embora – É uma regra de viagem muito importante para a preservação de objetos de uso cotidiano. Muitos desses objetos podem ter valores consideráveis, como um smartphone, óculos de marcas, filmadoras, luvas etc. Para evitar a perda ou esquecimento de pertences, esteja onde estiver, em um banco de aeroporto ou em um café em Roma, em um ônibus de excursão ou em um restaurante, sempre ao levantar-se olhe em todas as partes do local e verifique se alguém está sentindo falta de algo. Pode ser que você nunca mais volte ao local.

Ajustar seu relógio com a hora local – Sempre que chegar a um país estrangeiro, se possível ainda no aeroporto, ajuste as horas de seu relógio com o horário local. Observe se existem diferenças extras, como horário de verão ou algo mais que possa induzir a erro e mantenha seu relógio atualizado. Nos celulares será possível você enriquecer mais ainda as informações, colocando simultaneamente os fusos horários do país visitado e o do Brasil, previsões do tempo e alarmes diversos. Uma vez feito isso, esqueça o horário tupiniquim e tenha em mente apenas a diferença de horas para possíveis contatos no final de cada dia. Pense somente em sua viagem.

Dias com entradas grátis em museus – Quase todas as cidades turísticas que mantêm atrações culturais deixam um dia da semana com entrada grátis para os turistas em seus principais museus. É uma forma inteligente de atrair cada vez mais visitantes e uma excelente opção para você economizar os valores dos ingressos em determinado dia da semana. Pesquise seu destino, pode ser que seja possível fazer uma relativa economia.

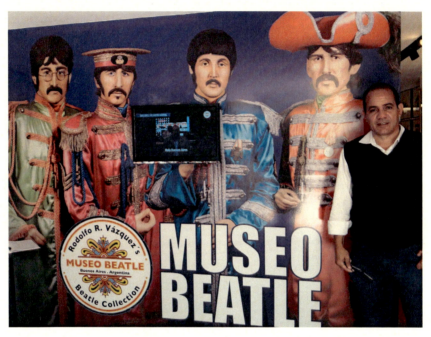

Júnior Santana – Museu Beatle, Buenos Aires, Argentina – 2018

A que horas as lojas abrem e o sol se põe? – Ao decidir o destino de sua viagem, o passo seguinte será fazer seu roteiro com todas as atividades do dia a dia. Duas informações são cruciais: a que horas abre o comércio em geral e a que horas o sol se põe? As lojas abertas ajudam a definir um marco inicial das atividades, mas em que hora devemos parar? Pode parecer, mas não é um exagero ter essa informação, passei por uma situação em Auckland, na Nova Zelândia, em que os dias tinham 15 horas de luz, tornando confuso e cansativo aproveitar todos os momentos.

Baixar aplicativos específicos – Além daqueles úteis já citados neste livro e dos nossos preferidos, recomendo que a cada viagem se faça uso de alguns outros aplicativos específicos. Baixe em seu celular os aplicativos de todas as empresas e serviços que for fazer uso durante a viagem, dos aeroportos por onde passar, das companhias aéreas etc. Muitos deles vão permitir você descobrir serviços, acompanhar bagagens, consultar conexões, entre outras vantagens.

Deixar todas as contas pagas – Para evitar multas e cobranças indesejáveis na volta de sua viagem internacional, o melhor a fazer é pagar tudo com antecedência. Esse tipo de gasto não aparece nas planilhas de custos, mas é fundamental estar tudo certo, pois alguns problemas podem aparecer na volta e alguns ainda durante a viagem. Deixar todos os pagamentos com débito em conta é a solução mais fácil. Caso não seja possível, deixe as contas e seus respetivos valores para uma pessoa de sua confiança realizar os pagamentos para você. Pode parecer excesso de zelo, mas imagine você chegar de viagem cansado e se deparar com a água ou a energia elétrica cortada? Ou pior ainda, você tentar fazer uso de seu cartão de crédito no exterior e não conseguir porque a fatura não foi paga no dia do vencimento? Vale a pena deixar tudo em dia.

Avise carteiro e vizinhos – Procure e comunique um de seus vizinhos sobre sua ausência e informe o carteiro de sua rua que por alguns dias você estará fora da cidade e precisa que as correspondências e encomendas sejam entregues em outro local. Pode fazer a diferença quando você voltar.

O tamanho máximo é 100 ml – Uma vez vi uma adolescente ficar muito triste ao perder aproximadamente uns 80 ml de seu perfume preferido em uma embalagem de 150 ml na imigração de Portugal. A proibição aconteceu porque o vidro do perfume tinha capacidade maior que 100 ml. Em voos internacionais qualquer líquido que for levado deve ser armazenado em embalagens de até 100 ml, totalizando, no máximo, 1 litro. Atenção! São considerados líquidos para fins de mala de mão perfumes, desodorante *roll-on*, batom, protetor labial, rímel, delineador, pasta de dentes e protetor solar.

Compre euro no Brasil – Em terras tupiniquins você consegue barganhar melhor o valor das taxas. Negociar falando português é infinitamente melhor que em qualquer outra língua e com certeza você conseguirá melhores preços no câmbio. O euro está em todo o continente europeu, é muito fácil a troca na Europa, o grande problema será você encontrar um preço justo pela moeda real, a qual é usada somente no Brasil.

Perrengues que estragam qualquer viagem – Se você quer realizar uma viagem sem dor de cabeça, evite comportamentos que podem estragar tudo de uma hora para outra. É necessário estar atento e não deixar nada atrapalhar a boa conduta de todos os viajantes. Escolha bem suas companhias de viagem e faça você também uma autoanálise comportamental. Isso é muito útil para quem vai viajar ao exterior e conhecer de perto outras culturas. Saber se comportar durante as viagens é fundamental e pode ser a diferença entre uma viagem maravilhosa e uma cheia de problemas. Muita coisa pode atrapalhar a viagem, como fazer compromissos em excesso e dessa forma não sobrar tempo para aproveitar as atrações locais. Outra situação corriqueira é a incontinência verbal praticada por pessoas que ofendem cidadãos nativos em língua portuguesa e vão parar na delegacia. A embriaguez e os impropérios são levados a sério na maioria dos países, sendo proibido fazer uso de bebidas alcoólicas na rua. O mau humor, a impaciência e os pré-conceitos têm gerado muitos inconvenientes, rusgas constantes que em nada ajudam a melhorar a fama dos turistas brasileiros. Repense sua viagem, seja consciente, aproveite para fazer turismo e curta suas férias.

YouTube, o guru do viajante – Além de oferecer vídeos de entretenimento diversos, muito bons para certos momentos da viagem, a plataforma de compartilhamento de vídeos é uma das ferramentas mais úteis para os viajantes. Há uma infinidade de vídeos sobre dicas de viagens e informações que podem salvar você em uma hora de aperto. Aprender a dar nó em gravatas é um bom exemplo. Você pode assistir a vídeos do mundo todo e de suas respectivas atrações turísticas. Super recomendo.

Banheiros públicos: aproveite todos – O uso de banheiro públicos no exterior pode ter consequências diferentes de um lugar para outro. Deve-se aproveitar todas as chances possíveis de utilização deles. A medida se justifica por você não saber quando nem onde poderá contar com um banheiro perto de você. A sugestão é aproveitar todas as oportunidades, usando os banheiros de hotéis, *shoppings*, museus, atrações turísticas, restaurantes, bares e cafés que encontrar pelo caminho. Não é só pela distância do próximo banheiro, muitos deles cobram taxas pelo uso. É melhor fazer uso a mais do que não fazer nessas condições. Um excelente aplicativo gratuito que pode ajudar a se livrar do aperto nas horas mais inconvenientes é o Toilet Finder, ele lista banheiros disponíveis e contém outras informações úteis.

Perca-se de propósito – Separe um dia de sua viagem para literalmente se perder. Sair um pouquinho da rota e do conforto de um roteiro pré-estabelecido tem suas vantagens em uma cidade com costumes diferentes. Um pouco de imersão na cultura local propiciará saber como os nativos vivem de verdade, seus hábitos e as rotinas diárias. Ande a esmo até parar em um café qualquer para saborear aromas e receitas locais, sem um rumo certo, de preferência longe das atrações turísticas tradicionais. Dessa forma, acabará por encontrar muitas coisas novas, lojas com artigos melhores e mais baratos que as costumeiras frequentadas pela maioria dos turistas, entre outras descobertas surpreendentes. Você poderá também encontrar restaurantes caseiros onde os moradores locais frequentam a preços módicos. A sensação de liberdade e de aventura que esse tipo de passeio propicia é algo indescritível, vale muito a pena. Faço isso em todas as minhas viagens. Mas essa aventura deve ser realizada apenas durante o dia por questões de segurança. Antes de escurecer, pegue um táxi ou chame um carro por aplicativo e volte a seu hotel.

Seja turista e aproveite a viagem – Tempo é o grande segredo da vida e nas viagens não é diferente. A cada minuto ela diminuirá impecavelmente, então não perca tempo. Siga seu planejamento e vá conhecer os pontos turísticos que você escolheu previamente. Dispense mapas, deixe o destino atuar em sua viagem, perambule e descubra as coisas simples do destino. Levante-se cedo, caminhe ao redor do hotel, dê preferência para compras nas lojas de conveniência do bairro onde estiver hospedado, transforme estranhos em amigos. O segredo é estar de alto astral sempre, sorrindo, tirando fotos e comprando *souvenirs*. Interaja com os moradores locais, abrace a diversidade cultural, fale com os nativos no idioma deles, mesmo que você não fale bem, improvise, seja cordial, use o bom senso, aprenda as tradições e costumes locais, aproveite para se presentear sem arrependimentos. Nunca deixe de ser turista e de curtir a viagem, pois ela custou muito esforço, tempo e dinheiro de sua vida.

Coma em bons restaurantes, mas nem sempre – Ao planejar uma viagem para o exterior, escolha restaurantes que propiciem uma boa refeição da culinária local e se possível agregue a fama e a beleza do local nesse mesmo jantar. Esse passeio faz parte do processo, mesmo sendo caro, é uma excelente forma de lazer que vai lhe garantir boas fotos e excelentes lembranças. Tome cuidado apenas para não extrapolar seu orçamento. Nas minhas viagens, sempre vou a bons restaurantes famosos e de níveis excelentes, mas passo os dias subsequentes comendo em lugares populares até os valores se adequarem na média diária estipulada para gastos com comida. Somente depois de restaurada a estabilidade é que ouso novamente me aventurar em outros lugares mais requintados. Lembre-se de que viagens são para o prazer pessoal, e caso seu orçamento esteja tranquilo, aproveite e vá aonde der vontade, você merece e o tempo não retroage.

Quando a esmola é demais, o santo desconfia – Esse é um ditado popular atualíssimo. De vez em quando aparecem orçamentos de passagens aéreas muito baratas, do tipo "bom demais para ser verdade". Nessa hora o melhor a ser feito é verificar o segredo dessas passagens. Confira se os impostos e as taxas aeroportuárias já estão inclusos no valor. Na sequência, observe se na passagem consta franquia para as malas. Também verifique se a passagem é com voo direto ou com escalas, se é com uma ou com várias conexões e, por último, se há a necessidade de trocar de aeroporto e em caso positivo se esse traslado já está incluso na passagem ou se é por sua conta. Todos esses itens citados vão lhe trazer despesas a mais significativas, que com certeza deixarão o preço dessa passagem menos atraente. Promoções dessa natureza merecem uma atenção extra, a regra é desconfiar sempre.

Bendita acomodação – Hospedagem em monastérios e conventos remontam a tempos antigos e na atualidade têm se consolidado como uma boa forma de fazer economia para os viajantes. É muito comum entre os cidadãos da comunidade europeia fazer uso desse tipo de unidade habitacional. Tem aumentado muito o interesse dos turistas nesse tipo de acomodação, inclusive de brasileiros procurando uma boa pechincha. É muito apropriado para os que desejam vivenciar outras culturas. Na maioria desses lugares a diária pode ser trocada por uma doação e às vezes até sair de graça. O mundo está cheio de monastérios e conventos que aceitam hospedar viajantes nas dependências de seus alojamentos. A Itália é repleta de opções. O Mosteiros Beneditino de Pluscarden Abbey, na Escócia, e a Basílica convento de Ecce Homo, em Jerusalém, são dois clássicos exemplos de como funciona esse tipo de hospedagem, vale a pena dar uma olhada.

Viagem com troca de casa – É isso mesmo, você hospeda-se no destino escolhido na casa de alguém, que por sua vez estará hospedado em sua casa durante o mesmo período. O conceito é inovador, embora esse tipo de escambo já exista desde a década de 1950. Você pode passar suas férias sem gastar com hospedagem. Obviamente o mais complicado é conciliar as datas entre você o outro interessado. Seja fazendo uma viagem a trabalho ou de férias, seja aposentado ou não, todo tipo de viajante é atraído pela possibilidade de fazer uma grande economia. É muito comum na Europa e nos EUA, onde normalmente as hospedagens tradicionais são mais caras. As trocas mais comuns são as trocas diretas, onde Fulano hospeda-se na casa de Beltrano e vice-versa. Mas estão aumentando cada vez mais as trocas indiretas, em que Fulano hospeda-se na casa de Beltrano que se hospeda na casa de Ciclano e este, por sua vez, hospeda-se na casa de Fulano.

Existem muitos *sites* especializados no assunto, e a maioria cobra taxa de anuidade. São milhares de opções de casas oferecidas em mais de 160 países. Os mais usados por brasileiros são o Troca Casa (www.trocacasa.com) e o Home Exchange (www.homeexchange.com). Já os mais usados no exterior são o Home Link, que atua desde 1953 e cobra anuidade 95 dólares, o Intervac, que tem anuidade de 99 dólares, o IVHE – International Vacation Home Exchange, cuja anuidade é de 159 dólares, o Knok, que cobra 180 dólares e o Guest to Guest, que não cobra anuidade.

Quando se deve evitar Wi-Fi público – Encontrar rede de internet grátis no exterior é algo que deve ser aproveitado caso você esteja precisando, mas alguns cuidados devem ser tomados. Nunca use redes públicas para realizar transações financeiras, seja para fazer qualquer tipo de pagamento, enviar dinheiro e tudo mais que necessite usar suas senhas bancárias. Elas poderão ser hackeadas e você pode passar por momentos desagradáveis e acumular prejuízos. Somente realize transações financeiras se estiver com internet de seu *chip* próprio do Brasil ou de um adquirido em lojas especializadas de telefonia no exterior. Perder dinheiro em qualquer situação é muito ruim, mas no meio de uma viagem internacional é pior ainda, principalmente se os valores fizeram falta durante a viagem. Cuidado nunca é demais, fique atento a essa dica.

Evite enrascadas, conheça as leis e costumes do destino – Cada destino pode reservar uma surpresa diferente. Preste atenção nas leis dos países que vai visitar, pois em alguns locais as regras são esdrúxulas e as punições podem terminar em multas e prisão. Na Arábia Saudita, fazer uso de bebida alcóolica dá cadeia. Em Cingapura, usar o Wi-Fi do vizinho sem sua autorização é crime com multa de 10.000 dólares ou três anos de cadeia. Na Inglaterra, beijar nas estações de trem é proibido. Na Austrália, xingar em público é passível de prisão de seis meses. No Marrocos, é proibido usar biquíni fora da praia. Em Veneza, é proibido alimentar os pombos na Praça São Marcos. Na Tailândia, são proibidos cigarros eletrônicos e a pena pode chegar a até 10 anos de prisão. Um ato corriqueiro no Brasil pode ser falta grave em algum lugar do mundo. Informe-se antes e evite problemas desnecessários.

Palavras mágicas: use sem moderação – "Com licença", "por favor" e "obrigado" são palavras abençoadas, elas têm o poder de transformar qualquer conversa, formal ou informal, em convivência harmoniosa e saudável. Sempre que precisar, peça desculpas, diga "bom dia", "boa tarde", "boa noite", "tchau", "até logo", "bem-vindo" e outras palavras que de alguma forma gerem gentilezas. Sua viagem com certeza será muito melhor evitando desencontros.

<u>Contratempos sempre vão existir</u> – Independentemente de qualquer programação que seja feita, sempre acontecerão falhas. Uma viagem é um empreendimento muito complexo que depende de muitos fatores interligados entre si para seu pleno ou parcial funcionamento. Voos atrasados e tantos outros dissabores estão sujeitos a acontecer. Faz-se necessário ficar atento, identificando cada problema e tomando as devidas providências que vão consertar ou amenizar cada situação. Sabedoria e autocontrole serão fundamentais para enfrentar essas complexidades. Problemas existem para serem resolvidos e não sofridos, e no caso da impossibilidade, não se preocupe e procure outra alternativa, porque o que não tem remédio, remediado está. Busque ajuda especializada, seja resiliente e recupere-se rapidamente, pois o tempo de sua viagem está passando e você não pode deixar isso atrapalhar seu passeio.

<u>Retribua a viagem doando aos pobres locais</u> – Sempre que estiver em país estrangeiro, observe a seu lado as pessoas que lhe servirão, trabalhando para que você tenha seus momentos de lazer. Dê as devidas gorjetas, elas complementam salários e são importantes para as famílias dos colaboradores do turismo. Na hora da volta, sempre temos problemas com a falta de espaço na mala e com o excesso de peso, essa é uma boa hora para separar peças para doação. Junte roupas, objetos e um pouco de dinheiro de cada participante e doe para uma pessoa carente do local. Sempre tem espaço para uma boa ação seja onde for.

Capítulo 19

Sites e aplicativos úteis em viagens

Informação nunca é demais. A boa informação, é claro. Atualmente há enxurradas de notícias, dicas e muitas informações não confiáveis, duvidosas e até mesmo sem utilidade. O viajante de antigamente era penalizado pela falta de informações sobre turismo e viagens de uma forma geral. Quase arrisco dizer que ele era um órfão, salvo pelas informações que as agências de viagens disponibilizavam, pelos guias turísticos que ensinavam alguns truques e macetes sobre os nativos e línguas estrangeiras e, óbvio, por alguém que já tivesse visitado o destino em comum.

A falta de fontes confiáveis levou os aventureiros interessados em viagens a comprar revistas e guias nas bancas de jornais e similares por muitos anos. Hoje em dia a situação mudou drasticamente, pois existe um imensurável número de informações em milhares de *sites*, blogs, revistas, informativos, *e-books*, DVDs, livros e, também, em canais de redes sociais. Estas, por sua vez, postam notícias *online*, dão dicas ao vivo, oferecem cursos sobre isso ou aquilo, aulas por videoconferências, entre outras formas criativas. O desafio de hoje é saber filtrar isso tudo e absorver somente as informações reais e importantes. Mas como saber quem é quem neste universo eletrônico midiático? A melhor maneira é usar a experiência de outros viajantes reconhecidamente sérios, coletar somente as coisas úteis, mesmo aquelas que você não está pensando em usar tão cedo, mas que podem servir para uma viagem que você tem vontade de fazer e que não é uma de suas prioridades. Recomendo guardar a informação e, quando chegar a hora, usá-la da melhor forma.

Pensando nisso, listei, em ordem alfabética, plataformas digitais muito boas, com muitos recursos tecnológicos para facilitar a busca por informações, até porque a grande maioria delas, além do *site*, podem ser acessadas pelo celular.

Airbnb (www.airbnb.com) – É um serviço *on-line* no qual proprietários anunciam para turistas encontrarem e reservarem acomodações e meios de hospedagem pelo mundo afora. É uma alternativa muito prática para as famílias que preferem ficar reunidas no mesmo local. Regularmente disponibiliza aos interessados casas e apartamentos já mobiliados.

Air Wander (www.airwander.com) – Uma ferramenta completa para encontrar escalas e passagens com um ou mais *stopover*.

Ametro – Este aplicativo fornece mapas de metrô de quase 200 cidades, entre elas as mais visitadas da Europa.

AroundMe – Aplicativo de fácil acesso que permite aos usuários encontrar rapidamente pontos de interesse próximos, como casas de espetáculos, restaurantes, hotéis, teatros, estacionamento, hospitais entre outras informações úteis.

Birdymee – Este aplicativo possibilita que você organize sua viagem, desde fazer sua agenda pessoal, seus registros, roteiros, armazenamento de fotos, hotéis, restaurantes, locomoção e pontos de interesse turísticos num mesmo ambiente.

BlaBlaCar – Plataforma de caronas de padrão mundial. Interliga motoristas e passageiros dispostos a viajar entre cidades e compartilhar o custo da viagem. Fundada no ano de 2017, ganhou mais de 50 prêmios e menções honrosas desde a sua criação. Conta hoje com mais de 60 milhões de usuários em mais de 22 países.

Booking (www.booking.com) – *Site* no segmento de reservas de hotéis *online*. Pratica bons preços, sendo uma boa alternativa de busca de hotéis com preços muito bons.

CDC (www.cdc.gov) – *Site* que disponibiliza diversas dicas, inclusive orientações mais aprofundadas sobre saúde para viajantes.

Citymapper – Excelente aplicativo para se deslocar em cidades grandes.

Civitatis (www.civitatis.com) – É a companhia líder em reservas *on-line* de visitas guiadas, excursões e atividades em português nos principais destinos do mundo. *Site* muito útil para comprar ingressos antecipadamente e até de última hora.

CN traveler (www.cntraveler.com) – *Site* de publicações especializadas em turismo e viagem.

Couch Surfing – Com quase 20 anos de prática, criado em 2003, tem mais de 5 milhões de usuários. Uma plataforma especializada em conectar turistas de todas as partes que tenham por objetivo a hospedagem gratuita com anfitriões dispostos a recebê-los.

Cruz del Sur (https://www.cruzdelsur.com.pe) – Site de empresa de ônibus que oferece serviços em muitos países da América do Sul.

Detecta hotel (www.detectahotel.com.br) – Lista os melhores preços entre todos os *sites* de buscas de hotéis, além de fazer comparações interessantes que ajudam muito a economizar e fazer um bom negócio com custo-benefício.

12GoAsia (www.ealdmundo.12go.asia) – *Site* especializado na Ásia e Oceania. Lista todas as opções de transporte disponíveis entre os destinos no estilo do rome2rio. Possui informações sobre guias de viagem.

Ecotourism (www.ecotourism.org) – Organização que defende o turismo responsável visando à conservação e à prática de viagens sustentáveis.

Ecotravel (www.ecotravel.pt) – Agência de viagens que preza pela responsabilidade social, especializada em circuitos culturais com práticas ecológica e economicamente responsáveis.

Eurolines (www.eurolines.com) – Maior empresa de ônibus da Europa. Vende passagens *online*.

Eventful (www.eventful.com) – *Site* muito útil para encontrar datas de turnês, ingressos de shows, cinemas, festas, exposições, esportes, concertos e peças de teatro no mundo todo.

Expatistan (www.expatistan.com) – *Site* que pode ser definido como uma calculadora de custo de vida. Nele você consegue realizar comparações sobre o custo de vida entre cidades de mundo todo.

Flix bus (www.flixbus.com) – Uma das maiores empresas de ônibus da Europa. Vende passagens *online*.

Flush – Mostra a localização do banheiro mais próximo de você entre uma lista de mais de duzentos mil cadastrados no aplicativo.

Foodspotting – Aplicativo que encontra boa comida em bares, restaurantes e lanchonetes por meio das redes sociais. Possui comentários de usuários sobre os locais.

Get your guide (www.getyourguide.com) – *Site* com aplicativo de vendas de atrações e atividades turísticas fundado em 2009. É excelente e muito completo. Com ele você pode fazer reservas de última hora para as melhores atrações, museus e *tours* do mundo, tudo em um só lugar.

Go euro (www.goeuro.com) – *Site* que permite fazer a comparação dos preços e horários de trens, ônibus e aviões em uma única busca. Pode ajudar muito a montar o orçamento e facilitar as tomadas de decisões.

Google Earth (www.googleearth.com) – Permite explorar em três dimensões hotéis, ruas, pontos turísticos, cidades e qualquer destino do planeta.

Google Flights (www.googleflights.com) – Busca passagens aéreas informando diferentes datas e seus respectivos valores ao mesmo tempo. Excelente ferramenta para aferir preços. O *site* oferece serviço de alerta quando os preços são alterados.

Google Translate (www.googletranslate.com) – O *site* disponibiliza de forma virtual e gratuita a tradução instantânea de textos e *websites*.

Hostel world (www.hostelworld.com) – O maior *site* de reservas de hostels do mundo.

Hoteis.com (www.hoteis.com) – *Site* no segmento de reservas de hotéis *online*. Parcela em até 12 vezes no cartão de crédito.

Hotel Tonight (www.hoteltonight.com) – *Site* de viagens *on-line* que permite aos usuários com horários flexíveis encontrar acomodações com descontos em hotéis nas Américas e na Europa. Use a reserva de última hora para conseguir grandes descontos na tarifa dos hotéis.

Hot wire (www.hotwire.com) – *Site* de viagens que disponibiliza descontos desde unidades habitacionais, bilhetes aéreos e locação de veículos. Opera com a venda de estoques de pacotes de viagem não vendidos a preços menores.

IFriend (www.IFriend.com) – Plataforma que permite ao turista contratar guias locais.

Instabridge – Oferecem acesso automaticamente a mais de 1 milhão de redes Wi-Fi gratuitas em todas as partes do mundo.

Journey Woman (www.journeywoman.com) – Este *site* orienta e inspira mulheres de todo o mundo a viajar bem e com segurança. Por mais de 30 anos tem incentivado, capacitado e apoiado mulheres viajantes pelo mundo todo.

Kindle – Para os apaixonados por leitura. Conta com mais de 1.5 milhão de livros provenientes da coleção Amazon, a qual disponibiliza livros gratuitos e pagos.

Map crow (www.mapcrow.info) – *Site* que permite fazer o cálculo de distâncias entre cidades do mundo todo.

Melhor câmbio (www.melhorcambio.com) – Digite o nome da cidade onde você está e a moeda desejada e o *site* mostrará as casas de câmbio mais baratas e mais perto de você.

Melhores destinos (www.melhoresdestinos.com.br) – Site repleto de dicas de viagem, divulga as promoções relâmpago no *site* e no aplicativo. Ative as notificações.

Moovit – O aplicativo trabalha em tempo real, orientando como ir de um lugar a outro, seja de ônibus, metrô e até de bicicleta.

My Train Companion – Aplicativo projetado pela Rail Europe que monitora sua viagem e possu informações sobre mais de 25.000 destinos, mostra informações sobre estações e horários de trem por toda a Europa.

Netflix – Excelente aplicativo para assistir a filmes e séries entre uma conexão e outra.

Numbeo (www.numbeo.com) – *Site* que possui informações sobre um banco de dados global de preços. É um excelente mecanismo para ajudar no planejamento dos gastos de sua viagem.

Okoban (www.okoban.com) – Fornece etiqueta com rastreador, muito útil em extravios de malas.

Open table (www.opentable.com) – *Site* que ajuda a organizar e a reservar mesas em restaurantes.

Packing List – Aplicativo de *checklist* que fornece orientações sobre o que levar na mala para uma viagem tranquila.

Passagens Imperdíveis – Aplicativo que localiza as melhores ofertas de passagens para todos os cantos do mundo.

Portal Consular (www.portalconsular.itamaraty.gov.br) – Serve para ver se o país que você pretende visitar necessita de visto.

Price of travel (www.priceoftravel.com) – *Site* que mantém informações sobre centenas de cidades de toda parte do mundo com o custo de vida praticado em cada uma delas. São dicas que podem ajudar a montar sua planilha de custos com alimentação.

Rail Europe (www.raileurope.com.br) – *Site* para comprar passagens de trem por toda a Europa.

Rome2rio (www.rome2rio.com) – O *site* permite calcular as distâncias e estimar custos de transportes em todo o mundo, um planejador de transporte multimodal. É uma excelente ferramenta.

Seat guru (www.seatguru.com) – Permite encontrar o melhor assento de cada voo.

Sitorsquat – Aplicativo que lista 100 mil banheiros públicos, muito útil em emergências.

Skype – Com este aplicativo você faz chamadas de vídeo *online* com outros usuários sem pagar nada.

Sky scanner (www.skyscanner.com) – Site para comprar passagens aéreas e encontrar boas promoções.

Super smart tag (www.supersmarttag.com) – Fornece etiqueta inteligente com rastreador, recomendada para perda e roubo de bagagem de mão.

The world's 50 best (www.theworlds50best.com) – *Site* que fornece uma rica coleção de bares e restaurantes em seis continentes para os viajantes comerem e beberem enquanto viajam pelo mundo.

Time and date (www.timeanddate.com) – Nele você encontra informações dos horários de outros países, clima e muitas outras informações correlatas úteis em viagens.

Time out city guides – Guias de viagens de bolso.

Touchnote – Aplicativo que permite criar cartões-postais personalizados a partir do uso das suas próprias fotos.

Tour Wrist – Serve para tirar fotos panorâmicas com o celular.

Travel and leisure (www.travelandleisure.com) – *Site* de publicações especializadas em turismo e viagem

Trivago (www.trivago.com) – *Site* no segmento de reservas de hotéis *online*. Mais uma ferramenta na busca da melhor hospedagem com o melhor custo-benefício.

Trip advisor (www.tripadvisor.com) – *Site* de viagens que fornece informações e opiniões de conteúdos de turismo. Excelente para escolher um restaurante ou uma empresa de excursões. Tem 490 milhões de usuários e mais de 730 milhões de avaliações por mês.

Uber – O serviço está presente em 81 países. Ao mudar de país, o aplicativo se adapta automaticamente, procurando os carros lá. As corridas podem ser pagas em dinheiro ou cartão de crédito.

Uber Eats – Um jeito fácil e rápido de pedir *delivery* de seus pratos favoritos. Funciona conectando restaurantes e consumidores em milhares de restaurantes espalhados mundo afora. É muito útil em viagens.

Unit Convert (www.unitconverters.net) – Converte diversas medidas que costumam ser diferentes de um país para o outro, como: comprimento, peso, volume, temperatura, velocidade, numeração de sapatos e roupa etc. Uma forma prática de conversão entre as várias unidades de medida diferentes.

Vacation express (www.vacationexpress.com) – Empresa especialista em viagens para o México e o Caribe.

Vacations to go (www.vacationstogo.com) – *Site* de buscas de cruzeiros.

Via Michelin (www.viamichelin.pt) – É uma ótima ferramenta para quem planeja viagens de carro.

Visite Europa (www.visiteuropa.com) – *Site* da Comissão Europeia de Turismo.

Vivino – Você envia uma foto do rótulo de um vinho e, em seguida, recebe dicas, informações e avaliações do produto.

XE Converter – Conversor de moedas.

Waze – Aplicativo de navegação GPS 100% móvel. É muito bom e mostra rotas mais rápidas, fugindo de engarrafamentos.

WiFi Magic – Aplicativo que tem ampla rede de senhas Wi-Fi públicas com abrangência em todas as partes do planeta, para acesso à internet gratuitamente.

Wiffinity – Aplicativo que permite você encontrar e se conectar facilmente a locais com Wi-Fi em todo o mundo durante a viagem. É muito bom e encontra até redes com senhas.

Wiki Travel (www.wikitravel.com) – É um projeto semelhante à Wikipédia, que tem por objetivo ser o maior guia mundial de viagens. As informações são postadas por usuários da plataforma. Conta com uma ótima atualização do banco de dados e a navegação é gratuita.

WhatsApp – Aplicativo de mensagens que permite também chamadas de voz gratuitas e envio de imagens e vídeos.

World's best bars (www.worldsbestbars.com) – *Site* especializado em informações de bares de todo o mundo, está sempre em busca dos melhores que o planeta tem a oferecer.

Yahoo Weather (www.yahooweather.com) – Além de mostrar o clima do local que você deseja, fornece fotos excelentes, é de fácil navegação e repleto de informações relevantes.

Zagat (www.zagat.com) – Guia de restaurantes e entretenimento nas principais cidades dos EUA. Todas as suas indicações são oriundas de pesquisas muito bem conceituadas.

Capítulo 20

Glossário de viagem

Assim como em outras atividades profissionais, as viagens e tudo que envolve o turismo possuem expressões e vocabulário próprios, específicos de quem usa e trabalha no setor. Alguns termos já se tornaram populares até mesmo para os que não viajam e outros ainda são desconhecidos para uma boa parte dos viajantes experientes. Se você pretende viajar apenas uma vez ou com certa periodicamente, será de grande valia estar familiarizado com isso e, convenhamos, conhecimento nunca é demais.

É importante aprender o significado das palavras de língua estrangeira que você ouve e não faz a menor ideia do que seja, além daqueles vocabulários e termos técnicos usados pelas companhias aéreas, que somente as pessoas que trabalham nesse segmento conhecem. No intuito de facilitar a vida dos viajantes, elaborei uma lista de verbetes e um pequeno dicionário de viagens bastante úteis para turistas. Segue, em ordem alfabética, alguns dos mais usados:

Albergue – Meio de hospedagem com preços bem acessíveis, quartos coletivos e padrões mínimos de conforto.

Alfândega – Departamento da Receita Federal responsável pela vistoria das bagagens em trânsito.

All inclusive – Significa "tudo incluso". Regime completo, com diárias, bebidas, gorjetas e tudo mais já inclusos no orçamento inicial.

Amenities – São amenidades direcionadas ao conforto dos hóspedes, como sabonetes, xampus, sais de banhos etc.

Baggage claim – Reclame de bagagem, local onde se deve pegar as malas quando se chega de uma viagem.

Bagagem de mão – Liberada para uso a bordo de aviões.

Bagagem despachada – Malas que são transportadas nos porões dos aviões.

Boarding pass – Cartão de Embarque.

Bed and breakfast **(B&B)** – Refere-se à hospedagem econômica, normalmente um cômodo grande com banheiro, cama e café da manhã.

Brunch – Refeição servida entre o café da manhã e o almoço com intenção de substituir ambos.

Câmbio – Operação financeira de compra ou venda de moeda estrangeira.

Camping – Acampamento usando barracas ou *trailers*.

Change – Câmbio, operação para troca de moedas.

Charter – Fretamento.

Check-in – Procedimentos usados na entrada em hotéis e embarques nos aeroportos.

Check-out – Procedimentos usados na saída em hotéis.

City tour – Uma excursão pela cidade com roteiro pré-definido e acompanhado de guias.

Código de reserva – Composto de uma sequência alfanumérica exclusiva, contém todas as informações dos produtos adquiridos.

Concierge – Profissional que instrui os hóspedes na entrada dos hotéis.

Conexão – O passageiro desembarca e embarca em outro avião no mesmo aeroporto.

Duty free – Uma loja de produtos diversos isentos de impostos.

Escala – São voos com desembarque e embarque de passageiros em vários locais diferentes até o destino final, porém sem trocar de avião.

E-Ticket – Bilhete emitido virtualmente que substitui os tradicionais de papel.

Eurailpass – Tipo de passe que permite viajar pela Europa por meio da malha ferroviária.

Exchange – Câmbio, operação para troca de moedas.

Formulário de entrada dos países – Documento de imigração entregue ainda dentro do avião para preenchimento obrigatório dos estrangeiros.

Gate – Significa "portão". Por meio dele se embarca e desembarca nos aeroportos.

Immigration control – Controle de imigração

Meia pensão – Tipo de diária que permite fazer duas refeições: café da manhã mais o almoço ou jantar.

No show – Nos voos e cruzeiros acontece quando o passageiro não comparece dentro do prazo estipulado para embarque. Nos hotéis é quando o hóspede não se apresenta na data da reserva, sem aviso prévio nem tentativas de remarcação de datas.

Overbooking – Acontece quando uma companhia aérea vende mais passagens que o número de poltronas disponíveis em determinado voo.

***Property Irregularity Report* (PIR)** – Nos moldes do tradicional boletim de ocorrência, é uma espécie de formulário de aviso de sinistro e extravio de bagagem.

Restroom – Banheiro.

Tarjeta de crédito – Cartão de crédito.

Tax free – Programa oferecido em alguns países que permite receber de volta os impostos e taxas referentes às compras feitas no exterior.

Traslado – Termo utilizado para o trajeto entre o aeroporto e o hotel e vice-versa.

Upgrade – Quando é oferecido um serviço superior ao que você contratou.

Voucher – Um tipo de recibo de pagamento sobre determinado serviço ou produto.

Capítulo 21

Endereços úteis

Agência Nacional de Aviação Civil (Anac)

É a agência reguladora do setor responsável pela normatização e fiscalização do cumprimento da legislação de aviação civil pelas empresas aéreas e operadoras aeroportuários. Contato: www.anac.gov.br/faleanac ou 0800 725 4445.

Agência Nacional De Vigilância Sanitária (Anvisa)

Oferece informações aos viajantes sobre vacinação, profilaxia, saúde no mundo e exigências sanitárias. Contato: www.anvisa.gov.br/viajante ou 0800 642 9782.

Departamento de Polícia Federal

Órgão responsável pelo controle de imigração e segurança em áreas restritas dos aeroportos. Contato: www.dpf.gov.br ou 194.

Empresa Brasileira de Infraestrutura Aeroportuária (Infraero)

É responsável pela administração de mais de 60 dos principais aeroportos brasileiros. Contato: www.infraero.gov.br ou 0800 727 1234.

Receita Federal

É responsável pela administração tributária e aduaneira nos aeroportos. Contato: www.receita.fazenda.gov.br ou 146 ou 0800 702 1111 (ouvidoria).

Órgão de Defesa do Consumidor (Procon)

Link com telefones de todo o Brasil: http://www.portaldoconsumidor.gov.br.

Secretaria de Aviação Civil da Presidência da República (SAC)

Contato: faleconosco@aviacaocivil.gov.br ou (61) 3313-7076 / 7067.

FONTES CONSULTADAS

BERLITZ. Disponível em: https://www.berlitz.com.

BRASIL. Governo do Brasil. Viagens e Turismo. Obter o Certificado de Direito à Assistência Médica (CDAM). 1 dez. 2021. Disponível em: https://www.gov.br/pt-br/servicos/obter-certificado-de-direito-a-assistencia-medica.

BRASIL. Ministério das Relações Exteriores (MRE). Disponível em: https://www.gov.br/pt-br/orgaos/ministerio-das-relacoes-exteriores.

OLIVEIRA, Mauricio. Siglas dos principais aeroportos do Mundo (IATA). **Trilhas e aventuras.com.br**. 19 dez. 2014. Disponível em: https://www.trilhaseaventuras.com.br/siglas-dos-principais-aeroportos-do-mundo-iata/.

PAÍSES que exigem visto de turistas brasileiros. **eDestinos**. 30 jul. 2018. Disponível em: https://www.edestinos.com.br/dicas-de-viagem/passagens-aereas/documentacao-e-visto/paises-que-exigem-visto-de-turistas-brasileiros.

QUAIS são os países que não precisam de visto para brasileiros? **bidu**. 7 dez. 2016. Disponível em: https://blog.bidu.com.br/viajar-exterior-sem-visto-2/.

QUANDO O ETIAS será implementado: data de início e mais. **ETIAS**. 2 set. 2021. Disponível em: https://www.etiasvisa.com/br/noticias/como-funcionara-etias.

SAIBA tudo sobre visto de trânsito. **Blog das Maxmilhas**. 16 jan. 2020. Disponível em: https://www.maxmilhas.com.br/blog/dicas-de-viagem/saiba-tudo-sobre-visto-de-transito.

SLAVIAN TOURS. **Transiberiana**: O Guia Completo da Viagem no Trem Transiberiano. 5 jun. 2020. Disponível em: https://slaviantours.com/blog/transiberiana-o-guia-completo-da-viagem-no-trem-transiberiano.